FIND YOUR DESTINATION
변화하는 시간 속, 10개 도시 풍경

JN355147

신안 #S1
바람의 결을 느껴봐, 자은도 백길해수욕장

신안 #S2
기다리던 운무가
걷히던 시간,
신안 자은도

신안 #S3
무한의 다리 아래 원시어업의 흔적

I'm Here

울산 #S1
이무기의 전설이 깃든 울산 대왕암공원

울산 #S2
우리나라 옹기의 모든 것
외고산 옹기마을

목포 #S1
유달산 둘레길에서 만난 동백꽃과 달성사

단양 #S1
단양강 절벽 아래 단양강 잔도, 그 위에 반짝이는 만천하스카이워크

장흥 #S1
장흥의 랜드마크, 정남진전망대 상징 조형물 '율려'

장흥 #S2
호남의 5대 명산, 천관산에 오르다

부여 #S1
'성흥산 사랑나무' 아래로 굽이굽이 부여의 시간

완도 #S1
청정한 바다와 국내 최대 난대림 자생지를
보전하고 있는 완도

완도 #S2
달그락달그락 완도 구계등

아산 #S1
그 어느 계절 찾아도 근사한 아산 곡교천 은행나무길

대전 #S1
고고한 멋을 풍기는 대전 유성구의 유림공원

대전 #S2
초록 수문장이 지켜주는 대전 동구의 상소동산림욕장

울주 #S1
기필코 지켜내겠다는 마음, '울주 언양읍성'

PROLOGUE
에디터의 글

I'm Here *SRT* ᵐ MOOK

2020년 한 해 동안 <SRT매거진>에 소개하여 많은 사람에게 힘이 되어준 10개 도시를 소개합니다. 이들 10개 여행지를 스티커로도 제작했습니다. 여행하는 재미도 더해보라는 작은 선물입니다. 직접 여행길에 나설 여러분을 상상하며 정성껏 담은 알찬 정보도 놓치지 마세요. 도시별 10PICK에는 기념이 될 만한 선물부터 숨겨진 명소가 있습니다. 별 표시를 한 것은 에디터가 적극 추천하는 곳입니다. 이 책을 읽는 모든 분이 여행으로 힘이 나고 위로도 받고 더 열심히 살아갈 희망도 찾으시길 바랍니다.

북적북적보다 두런두런이 좋고, 다닥다닥보다 널찍널찍을 좋아한다.
그 반대의 상황에서는 하루에 쓸 기력이 쉽게도 빠져나갔다.
출근길부터 치열한 하루, 되돌아보면 그 어디에도 나는 없는 것 같았다.
내 자리를 지키기 위해 옆 사람과 신경전을 벌이지 않아도 되는 시간,
먼저 내리거나 앞서 타려 눈에 불을 켜도 되지 않는 공간이 간절했다.
마이 홈은 그런 면에서 조건에 딱 들어맞았으나
식물도 형광등 아래에서만은 잘 크지 못한다.
시절인연처럼 나는 여행기자가 되었다. 글 쓰는 삶을 꿈꿨으나
여행을 바란 적은 없던 사람. 그런 내가 우리나라를 구석구석 누비고
다니게 되었다.
'괜찮아?' 말도 없이 나를 위로하던 곳, '바라는 대로 된다' 저 아래에서
알 수 없는 용기가 나던 시간. 우리나라는 이상하고 아름다웠다.
원수를 외나무다리에서 만날 수 있을 정도로 세상은 좁기도 하지만
바라는 그 사람은 꿈속에서도 마주치지 못하는 게 우리 삶 아닌가.
아이러니한 삶에 이상하고 아름다운 우리나라는 환상의 짝꿍이다.
어제, 또 오늘. 비명을 지르고 싶었지만
소리 없는 아우성을 반복하고 있다면, 당장 떨치고 문을 여시길.
이상하고 아름다운 그곳을 향해.

Editor. 정상미

충북 단양군은 중부내륙권에서도 깊은 품에 안겨 있다. 지도를 보면 아주 가까운 11시 방향에는
제천이 있고, 정선은 멀리 2시 방향, 그리고 5시 방향에 영주, 7시 방향에 문경이 위치한다.
이번 여행은 단양에서도 중심 '수양개'와 인연이 깊은 적성면, 그와 바로 이웃한 단양읍이다.
안쪽으로, 자꾸 안쪽으로 파고드니 겨울에도 따뜻할밖에.

DANYANG
단양

서로 다르지만 빛나는 추억을 만들리

단양 하면 많은 사람이 단양팔경을 떠올릴까? 아마 그러할 것이다. 단양팔경은 상선암, 중선암, 하선암, 옥순봉, 구담봉, 석문, 도담삼봉, 사인암을 가리킨다. 상선암부터 구담봉까지 5개 명소는 모두 단양군 단성면에 속하는데 이곳 장회나루에서 유람선을 타면 단양팔경을 두루 흐르며 조선의 개국공신 정도전부터 퇴계 이황과 두향에 얽힌 전설 같은 이야기도 들어볼 수 있다. 단양팔경이 뛰어난 화가의 붓 끝에서 탄생한 맵시 좋은 단양을 그린다면, '수양개'는 엄청난 페이지를 거슬러 올라가야 볼 수 있는 숨겨진 이야기일지도. 식물 이름 같기도 하고, 사극에 등장하는 장수의 이름 같기도 한 수양개는 단양군 적성면 애곡리에 위치한 마을 이름으로 오늘날에는 '단양 수양개(垂楊介) 유적'으로 더 익숙하다. 1980년 7월 21일 충주댐 수몰 지역 지표 조사에 나선 충북대학교 박물관팀에 의해 엄청난 유적이 발견

두근두근, 만천하스카이워크 전망대에서 바라본 단양

되었다. 수양개 Ⅰ지구 유적에서는 50여 개의 석기제작소가, 수양개 Ⅱ지구 유적은 원삼국시대에서 백제 초기로 이어지는 큰 취락이, Ⅵ지구에서는 Ⅰ지구보다 더 높은 집중도를 보이는 3개의 구석기문화층이 확인된 것. 수양개유적로에 위치한 '수양개 선사유물 전시관'에는 이와 관련한 5000점 이상의 유물을 보유하고 있다.

매머드 화석부터 슴베찌르개, 돌화살촉, 옥장신구, 석기를 제작하는 슬기사람(Homo Sapiens)을 만나며 시간의 소용돌이를 지나는 나 자신을 바라본다. 거칠고 투박한 손으로 자신들의 삶을 이롭게 하며, 정신까지도 표현해냈던 인류의 조상. 좀 더 세련됐으나 날카롭고, 거침없으나 자신을 잘 감추기도 하는 21세기의 나. 과연 진보한 인간으로 제대로 살고 있는 것인지 의문이다. 전시관 너머는 단양팔경만큼이나 많은 사람이 즐겨 찾는 '만천하스카이워크'가 코앞이다. 2020년 6월,

개장 3년 만에 200만 명 이상이 다녀간 만천하스카이워크의 매력은 그 이름에 다 정의되어 있다. 하늘을 걸으며 만천하를 굽어볼 수 있다는 말씀.

여기에 알파인코스터, 집와이어도 두루 경험해볼 수 있다. 전용 셔틀버스를 이용해 금수산 만학천봉 해발 340m에 도착했다. 나선형의 길을 따라 스카이워크가 길게 뻗어난 정상부에 도착하면 세 갈래의 유리길(삼족오)이 하늘 가운데 뻗어 있다. 그 높이가 단양강 수면에서 자그마치 120m. 아파트 35층 난간을 걷는 것과 다를 바가 없다. 그 길 끝에서 바라보면 소백산, 월악산, 금수산은 더욱 그림처럼 아름답겠지만, 한사코 오라고 해도 한사코 못 가는 마음. 그래도 괜찮아. 지금 이 순간 가슴은 콩닥콩닥, 눈빛은 반짝반짝 너무도 살아 있는 것 같으니까.

만천하스카이워크

'만천하스카이워크'는 문화체육관광부와 한국관광공사가 주관한 2019~2020 한국인이 꼭 가봐야 할 관광 100선과 2019 한국관광의 별[1]에 선정됐다. 2017년 여름 개장한 이후 매해 수많은 관광객이 단양의 넘버 원 명소로 만천하스카이워크를 찾는다. 이런 인기는 만천하스카이워크가 남녀노소 누구에게나 골고루 만족도를 심어준다는 데 있을 것이다. 아이들과 함께 알파인코스터를 타볼 수도 있고, 집라인에도 도전해볼 수 있다. 어떤 이는 이런 레저시설을 경험한 것보다 만천하스카이워크 전망대에 오른 시간을 더 추억할 수도 있다. 단양강 수면에서 120m 높이의 스릴만점 유리길을 걸어보자. 상상 이상의 아찔함을 맛볼 것이다.

[1] 한국관광의 별이란?
문화체육관광부가 주최하고 한국관광공사가 주관하는 한국관광의 별은 한 해 동안 관광 발전에 기여한 관광자원에 주는 상으로 국내 관광에 대한 국민의 관심을 높이기 위해 추진됐다. '단양 만천하스카이워크'는 '2019 한국관광의 별' 본상인 '새로운 매력을 창출한 관광자원' 분야에 선정됐다.

DANYANG 단양

두산활공장이 자리한 카페 산

단양 액티비티, 패러글라이딩 하늘로 솟구쳐 오를 힘이 되어줄 바람을 한참 기다리다 마침내 신호가 떨어진다. 내리막길을 따라 힘찬 발구르기가 이어짐과 동시에 캐노피가 빵빵하게 부풀어 오른다. 방금까지 지상에 있던 그는 벌써 저만치 날아 자신만의 세상을 대면하는 중이다. 그는 지금 어떤 기분일까? 궁금함이 커지면 기어코 문을 열게 되는 날이 오는 법. 나와 너, 마음만 먹으면 하늘을 날 수 있다.

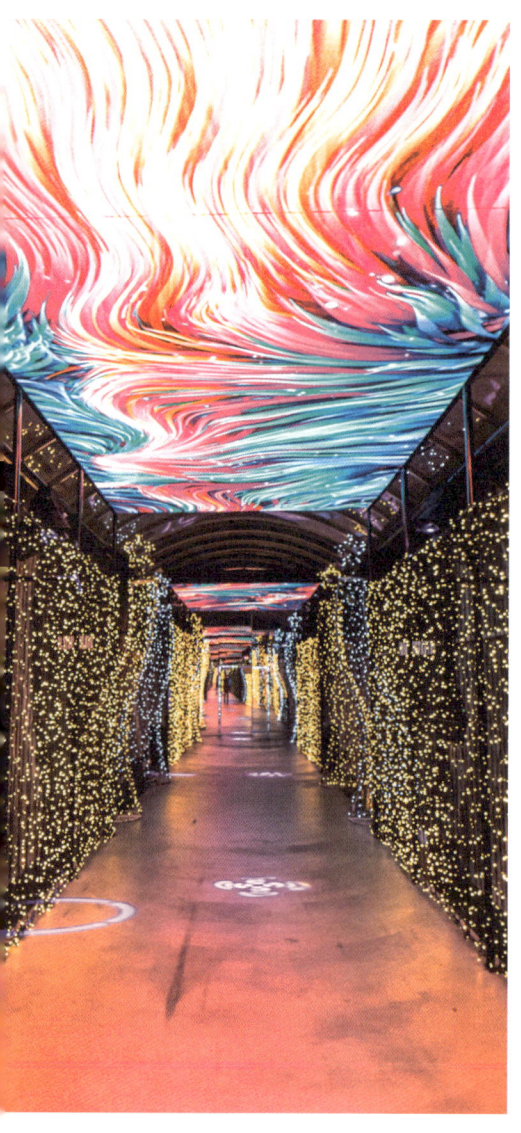

1

2

1, 3 한 번도 가본 적 없는 우주를 유영하듯 신비롭고 아름다운 수양개빛터널,
     화려한 조명은 터널 안과 밖으로 이어져 야간에 찾아도 환상적!
2   거칠고 투박한 손으로 자신들의 삶을 이롭게 하며, 정신까지 표현해냈던
     인류의 조상을 우두커니 바라본다. 과연 나는 그들보다 진보한 인간일까? 생각이 깊어진다

3

수양개선사유물전시관, 수양개빛터널

단양은 석회암이 발달한 지역으로 특히 수양개 마을은 동굴과 바위그늘(바위가 내밀어져 비바람을 피할 수 있는 곳)이 많이 형성되어 구석기시대 사람들의 거주공간이 되었다. 인류가 살아온 전체 역사의 대부분이 구석기시대에 속하는데 중기에는 석기 제작 방법을 혁신했던 때로, 슬기사람이 등장하면서 문화가 발전했다. 후기에는 지적으로 좀 더 뛰어난 슬기슬기사람(Homo Sapiens Sapiens) 문화가 형성되며 다양한 종류의 석기가 만들어졌다. 수양개선사유물전시관은 2만 년을 전후한 구석기시대 석기문화의 정수를 만날 수 있는 곳이다. 1983년 충주댐 수몰 지구 문화유적 발굴조사의 일환으로 발굴을 시작해 중기 구석기시대부터 원삼국시대(기원전 100년~300년경)까지의 문화층에서 발굴된 수양개 유적의 유물과 관련 자료들을 전시하고 있다. 일제강점기에 건설되어 1985년 충주댐 완공 전까지 중앙선 철로로 사용되었던 터널이 수양개빛터널로 새롭게 되살아났다. 수양개선사유물전시관과 연결되어 있으며 입장료는 별도다. 이곳의 오색찬란함은 태고의 숨결을 잇는 듯 아득하다.

새한서점

만천하스카이워크에서 차로 약 15분 거리. 구불구불 작은 시골길을 조심히 달리면 새한서점을 알리는 작은 표지판들이 잘 오고 있다는 신호를 보내온다. 파란 겨울 하늘에 피어나는 굴뚝의 연기가 훈훈하다. 마치 겨울방학에 머물러 온 할머니 댁처럼 그리운 마음으로 새한서점에 들어섰다. 서울 고려대 앞의 새한서점이 단양군 적성면 현곡리로 옮아온 것은 2002년, 1999년 폐교된 적성초등학교는 자신의 자리를 무수한 책에게 내어주었다. 서점이라지만 도서관을 방불케 하는 규모. 보유 서적이 12만 권 이상이니 장르별로 분류한 손길을 생각하면 놀랍기만 하다. 난로가 놓인 휴게실에는 이선명 대표 대신 고양이 한 마리가 객을 맞이한다. 졸졸졸 계곡의 물소리, 책장을 넘기는 서걱 소리, 고양이가 사뿐사뿐 걷는 소리가 평화롭다.

1, 2 화려하지는 않지만 엄청나고, 낡았지만 빛이 나는 새한서점. 책을 좋아하는 사람이라면 단양의 그 어떤 이름난 명소보다 이곳에 마음을 뺏길 것이 분명하다. 창문에 붙여놓은 진심 어린 글귀만 보더라도

단양강(남한강) 암벽을 따라 총 길이 1.12km의 단양강 잔도(험한 벼랑 같은 곳에 선반을 매달아놓은 듯이 만든 길)가 설치되어 있다. 멀리서 바라보면 옛 여인의 치맛단처럼 유연하고, 그 길을 따라 직접 걸으면 거칠고 짜릿한 자연의 조화를 온몸으로 느낄 수 있다. 일몰 무렵부터는 잔도를 밝히는 점점의 조명이 낮과는 또 다른 낭만으로 다가오니 기회가 되면 이 시간도 놓치지 말길.

매일 우리가 걷는 삶의 길은 어쩌면
벼랑길인지 모르지.
위태로운 발길을 붙잡아주는 고운 손길이 있고,
어두운 밤길을 비춰주는
환한 달빛이 있어
우리의 삶은 벼랑에 세운
잔도처럼 아름답고 신비로운 거겠지.

10 PICK
단양

❶ 다누리아쿠아리움

단양을 대표하는 물고기, 쏘가리와 함께 국내외 민물고기 187종과 수달, 중국의 홍룡, 화석어 피라루크 등 희귀한 해외 민물고기를 만날 수 있다.

- 충북 단양군 단양읍 수변로 111
- ☎ 043-423-4235
- www.danyang.go.kr/aquarium

❷ 단양 굿즈 '다소미'

단양을 기념하려 구매한 쏘가리 인형. 이름은 '다소미'다. 너무도 정교하게 잘 만들어진 데다 가격(1만 원)도 저렴해서 득템한 기분.

- 충북 단양군 적성면 애곡리 94, 만천하스카이워크 관광안내소

❸ 만천하스카이워크

단양의 아름다운 절경은 물론 스카이워크, 집와이어, 알파인코스터 등 짜릿한 레포츠도 즐길 수 있다.

- 충북 단양군 적성면 애곡리 94
- ☎ 043-421-0015
- 09:00~18:00 (매주 월요일 휴무)
- 전망대(스카이워크)
  어른 3000원, 청소년 2500원
  어린이 2500원
  집와이어
  연령 구분 없이 3만 원
  알파인코스터
  연령 구분 없이 1만5000원

❹ 새한서점

금수산, 말목산과 남한강이 둘러싸고 있는 적성면 숲속에 자리한 새한서점에서 잠시 시간을 멈춰 세우다. 헌책은 물론 기억에 남을 만한 굿즈도 구매할 수 있으니 참고하자.

- 충북 단양군 적성면 현곡본길 46-106
- ☎ 010-9019-8443
- 09:00~18:00 (연중무휴)
- shbook.co.kr

❺ 구경시장

시장 구경은 빼놓을 수 없는 재미. 마늘빵, 마늘닭강정, 마늘순대 등등 단양의 특산물 마늘을 이용한 여러 가지 먹거리를 맛볼 수 있다.

- 충북 단양군 단양읍 도전5길 31
- ☎ 043-422-1706
  무료주차장 : 충북 단양군 단양읍 수변로 38, 하상무료주차장

❻ 수양개선사유물전시관

중기 구석기시대부터 원삼국시대까지의 유물과 자료를 한눈에 살펴볼 수 있는 수양개선사유물전시관. 수양개빛터널, 비밀의 정원 등도 돌아볼 수 있으니 놓치지 말자.

- 충북 단양군 적성면 수양개유적로 390
- ☎ 043-423-8502
- 09:00~22:00 (매주 월요일 휴관)
- 어른 2000원, 청소년 1000원, 어린이 800원
  ※수양개빛터널 이용권 (구매 시 전시관 입장 무료)
  야간 : 개인 9000원, 어린이 6000원
  주간 : 어른 6000원, 어린이 5000원
- www.danyang.go.kr suyanggae/1385

❼ ❽ 두산활공장&카페 산

단양을 대표하는 액티비티, 패러글라이딩을 해볼까? 겁이 난다면 구경만 해도 짜릿하다! 두산활공장이 자리한 카페 산에 들르면 맛있는 커피와 빵을 음미하며, 하늘을 나는 이들을 실컷 구경할 수 있다.

- 충북 단양군 가곡면 두산길 196-86
- ☎ 010-8288-0868
- 09:00~18:00
- 필터커피, 아메리카노 6000원부터 시작
  cafesanndy.modoo.at

❾ 구인사

소백산 연화봉 아래 뿌리내린 아름다운 사찰. 대한불교 천태종의 총본산으로 박물관, 템플스테이 프로그램 등을 운영한다.

- 충북 단양군 영춘면 구인사길 73
- ☎ 043-423-7100
- 버스운행시간 09:00~17:00 배차간격 (약 20분), 점심시간 12:00~13:00, 마지막 운행 17:15
- 주차요금 대형버스 5000원, 중형버스 4000원, 승용 15인 이하 승합자동차 3000원, 경차 및 장애인차량 1500원
  ※ 본 시간표는 구인사 내 사정에 따라 일부 변경될 수 있습니다.

❿ 단양 소백산 자연휴양림에서 STAY ★

산림자원을 활용하여 소백산 화전민촌 화전민가, 산림문화휴양관, 숲속의 집, 정감록명당체험마을 등 49개 동에 이르는 산림휴양시설을 조성하여 사계절 많은 여행객의 사랑을 받고 있다. 아늑한 잠자리는 물론 숲속 탐방로와 소백산 자락길 6구간 등을 통해 산림욕을 즐길 수 있는 것도 장점이다.

- 충북 단양군 영춘면 하리방터길 180
- ☎ 043-423-3117
- 자연휴양림 입장료
  어른 3000원, 청소년 2000원
  어린이 1000원
  숙박료
  화전민촌 5만~12만 원
  숲속의 집 8만~21만 원
  정감록 명당체험마을 10만~34만 원
  승마체험장 (기승체험)
  10분 이내 : 성인 2만 원,
  청소년 1만5000원, 60분 이내 :
  성인 10만 원, 청소년 7만 원
  www.foresttrip.go.kr

OVERVIEW

단양

출처 | 단양군 홈페이지

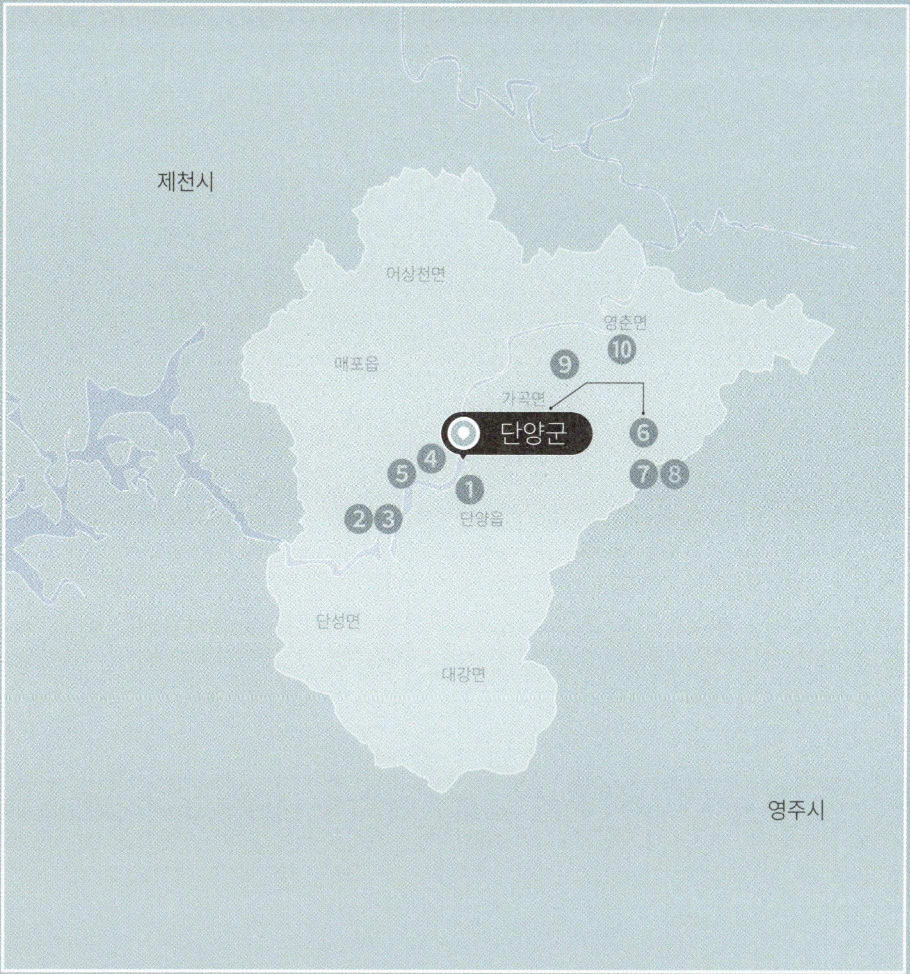

제천시
어상천면
매포읍
영춘면
가곡면
단양군
단양읍
단성면
대강면
영주시
1
2
3
4
5
6
7
8
9
10

총면적 780.16 ㎢

인구 29,049 명 (2021년 1월 31일 기준)

행정구분 2 읍 6 면 152 리

SRT 이용안내

지제역 (SRT지제역에서 단양군청 136.8km / 렌터카 이용 시 약 1시간 40분 소요) 단양군청

서울 광화문에서 정남향으로 일직선을 그으면 남해안의 푸른 비경을 간직한 전남 장흥이다.
겨울이면 북쪽에서 가장 춥다는 중강진에서 다시 일직선을 그으면
남쪽 가장 따뜻한 장흥에 닿으니, 그 이름 앞에 '정남진'이란 수식어가 붙는다.

JANGHEUNG
장흥

너를 품에 안으면

전남 장흥으로 떠날 채비를 하고 몸도 마음도 분주했던 어느 날 TV 프로그램에 장흥군수님이 나와 인터뷰하는 장면을 보게 됐다. 이건 우연이 아니다. 무언가에 목적을 두면 온통 관심이 그쪽으로 향하니 이것은 내가 의도한 장면이 틀림없다. 장흥을 대표하여 나온 군수님의 말이니 귀를 쫑긋하여 듣는다. 장흥의 군목이기도 한 동백, 안중근 의사의 해동사, 싱싱한 바다의 맛-매생이, 표고버섯·키조개와 곁들이는 장흥한우삼합 등등 가볼 곳도 먹을 것도 많은데 그중에 가슴에 날아와 박힌 것이 천관산이다. 사실 취재 중에 산을 오르는 것은 흔하지 않은 일이다. 시간도 많이 뺏길뿐더러 체력소모도 크기 때문이다. 그럼에도 나는 천관산에 꼭 가야겠다고 마음을 먹었다.

"천자의 면류관을 쓰려면 땀을 흘려야지."
꼭 껴입은 외투를 벗어들고 산을 오른다. 땀으로 등이 흥건하니 겨울바람도 시원하게만 느껴진다. 천관산은 지리산, 월출산, 내장산, 내변산과 함께 호남의 5대 명산이다. 가끔 동네 뒷산을 산책하듯 다녀오긴 했어도 호남의 5대 명산을 오르다니. 코앞에 입춘을 걸어두고 설렘이 찾아든 탓이다.

"천관산 정상(해발 724m)인 연대봉에서 내려다보는 장흥은 장관이지요." 군수님의 목소리가 귓전에 맴돈다. 산을 잘 모르는 사람에게 해발 724m라는 높이는 계단 724개보다 영향을 주지 못한다. 이미 머리로는 정상을 밟았고, 그곳에서 바라보는 풍경으로 꽉 차 있다. (최단 코스를 선택하면 산행이 쉬울 거라고 생각했어!) 고개를 들면 갑자기 집채만 한 암석이 눈앞에 떡. 거꾸로 강물을 거슬러 오르는 연어처럼 경사가 가파른 오르막을 하염없이 오른다. 한 시간이 지났을까. 되돌아갈 수도 없고, 내가 왜 산을 가자고 했을까? 고개를 젓는데 마법이라도 부린 듯 뜻밖의 풍광이 나타난다. 억새 능선이다!

해발 724m를 너무 쉽게 보았구나.
그래도 후회는 없다.
호남 5대 명산 천관산 산행 강추!

아, 나는 코끼리 엉덩이만 만져보고 코끼리를 그릴 뻔했다. '그래도, 그래도' 하며 포기하지 않고 올랐더니 산에 또 다른 산이 깃든 듯 신비롭지 않은가. 부지런히 걸음을 재촉하여 연대봉 전망대의 계단을 밟았다. 거대한 산바람이 엉덩이를 힘껏 밀어 올려준다.

돌길을 지나며 내쉰 큰 숨, 찬바람에 오소소 식어 내리는 등의 땀, 내 걸음보다 빨랐던 쨍한 하늘의 구름 떼, 어느 곳에서 바라봐도 신비로운 천관산의 기암괴석…. 연대봉 정상에 서서 그 이치를 깨닫는다. 결과보다 중요한 것은 과정이라는. 뻔하고 지극한 이치. 내려오는 길에 나는 보았다. 장흥의 들이 코팅된 판초콜릿처럼 햇살에 반짝이는 것을. 거대한 돌 거인을 품에 안으면 설렘이 채워진다는 것을, 알았다.

1, 2
갑자기 집채만 한 바위가 나를 가로막기도 하며, 직립보행을 어렵게도 하지만 이 모든 것은 아름다운 결과를 향한 징검다리일 뿐. 숨겨둔 억새 능선을 보고 깨달았다

1

I'm Here

이청준 원작, 임권택 연출의 영화 <축제>의
배경이 된 소등섬

1

2

천관산 정상 '연대봉'

이 안에 무엇을 채우며 살까. 무엇을 보고, 무엇을 만나 이 세상 참 재미있게 살았다고 기억할까? 전남 장흥의 품 속을 걷는다. 천자의 면류관을 닮은 천관산에는 바람과 나뿐. 하늘 아래 바다를 안으러 정상으로 조심스러운 걸음을 옮긴다. 탑산사 주차장에서 닭봉을 지나면 정상인 연대봉, 최단 코스로 잘 알려진 구간이다. 명심할 것은 최단 코스가 최고로 쉬운 코스와 동의어는 아니라는 것. 천관산 동북쪽 장천재에서 금강굴, 구정봉, 연대봉으로 올라가는 코스도 있으니 다음 여정 등을 고려해 들머리를 잘 선택하면 되겠다.

1 돌거인의 머리 위에 올려진 것 같은 암석
2 정상의 연대봉
3 가을의 억새 능선을 보러 많은 분이 천관산을 찾는다는데 초봄에도 참 황홀하다

3

1, 3 묵촌마을
2   천관산 동백숲
     동백꽃은 향기가 없어
     나비와 벌이 아닌 새가 암·수술 꽃가루의
     결합을 돕는다. 아름답다고 하여
     향기도 진할 거라는 마음 또한
     편견이었음을 깨닫는다

천관산 동백숲

푸른 바다와 붉은 동백은 둘도 없는 색으로 어울린다. 용산면 묵촌마을 어귀 약 2000㎡ 면적에 동백이 무리를 지어 있다. 묵촌마을 동백집성촌 같다. 파란 하늘을 머리에 이고 짙은 그늘 드리워진 숲에 붉디붉은 동백. 송이째 떨어져 대지를 숨 막힐 듯 화려하게 수놓으니 시련 앞에서도 끝내 자존감을 잃지 않는 드라마의 여주인공 같다. 이 다음 장면은 천관산 동백숲으로 이어진다. 20만㎡에 이르는 천관산 동백숲은 국내 최대 규모의 천연 동백 군락지다. 감히 넘볼 수 없는 요새처럼 높고 치밀한 동백숲. 숲속은 짙고 바깥보다 서늘하다.

문학, 이청준, 임권택, 송화

임권택 감독의 영화 <서편제>, <축제>, <천년학>에는 공통점이 있다. 작품의 원작자가 장흥에서 태어난 이청준 작가다. 삶에 희로애락이 있어 웃을 일도 있고, 울 일도 많다지만 어떤 이는 제 삶이 불공평하다고 말한다. 매일 전쟁터로 향하는 '젊은 그대'와 이청준 작가의 '눈길'을 걷는다. 8편의 중·단편을 실은 소설집 <눈길>에는 학교에 빈 도시락을 들고 오는 가난한 제자를 위해 매끼 밥그릇의 절반을 덜어놓는 은사의 이야기 등이 담겨 있다. 작가의 수많은 작품은 영화화되어 대중의 심금을 울렸다. 1979년 계간지 <문학과 지성>에 발표한 단편소설 '선학동 나그네'는 임권택 감독의 100번째 영화 <천년학>의 원작이다. 장흥의 선학동 마을에는 눈먼 소리꾼 송화(오정해 분)가 머물렀던 주막집이 그 모습 그대로 남아 있다. 나보다 훨씬 크면서 나의 작은 몸짓에도 반응하던 마을의 소들, 긴 속눈썹에 매달린 눈물이 송화 같고 학 같다. 오직 나만 공평치 못한 것 같은 수직적인 삶과 총도 없이 한 방에 떨어져나가는 오늘의 마음을 가만히 다독여본다.

3

4

1,2,3 정갈하게 닦인 아담한 옛집은
이청준 작가의 생가다. 뒤안길 담 너머로 장작
타는 냄새가 은은히 넘어오고, 그 앞으로
동백꽃이 붉게 피어 고개를 든다
4 영화 <천년학>에서 송화가 머물렀던 주막집

정남진 편백숲 우드랜드 기다리던 봄을 이곳에서 한없이 마주한다. 아름드리 편백나무가 약 100ha에 걸쳐 군락을 이룬 '정남진 편백숲 우드랜드'는 노약자와 장애인도 편안하게 삼림욕을 즐길 수 있는 '말레길'이 조성돼어 있다. 목새문화체험관, 생태건숙 체험장, 편백소금집, 숙박시설 등이 잘 갖춰진 '웰니스 관광지'다. 이 숲속을 걷고, 그 속에서 하룻밤을 보낸다면 보약 달여 먹은 듯 힘이 펄펄 나리.

편백나무 짙은 그늘에 누워 잠을 청하면 그리운 이가
꿈에 나올까? 자꾸 쉬고 싶은 마음

10 PICK
장흥

❶ 평화다원

속이 아플 때 민간에서 약처럼 쓰던 장흥의 차가 청태전이다. 어른들의 기억 속에 남은 청태전을 복원한 김수희 사장님 덕에 오늘날 장흥의 명품 차로 청태전이 널리 전해지고 있다.

전남 장흥군 장흥읍 외평길 170
061-863-2974
11:00~20:00 (연중무휴)
청태전 6000원

❷ 장흥한우삼합

현지인의 추천으로 간 만나숯불갈비는 역시 기대를 저버리지 않았다. 장흥 특산물인 표고버섯에 키조개와 한우 세 가지가 만나, 정말 맛나! 어린이가 있는 4인 가족 기준으로 약 10만 원에서 12만 원이면 푸짐히 먹을 수 있으니 가격도 흡족하다.

전남 장흥군 장흥읍 물레방앗간길 4
061-864-1818
11:00~21:00

❸ 천관산

천관산문학공원 탑산사 주차장에서 닭봉을 지나면 정상인 연대봉에 닿는다. 이 외에도 천관산 동북쪽 장천재에서 금강굴, 구정봉, 연대봉으로 올라가는 코스도 있으니 방문 시 참고하자.

전남 장흥군 대덕읍 천관산문학길 301, 탑산사
061-860-0457(천관산문학공원)

❹ 묵촌마을 동백꽃

길 위에서 전해 듣기로 '용산면 묵촌마을에 가면 동백이 아름답다' 하였다. 약 2000㎡ 규모라니 묵촌마을 동백집성촌 아닌가!

전남 장흥군 용산면 묵촌길 50

❺ 탐진강

돌 징검다리를 건너 이편의 정남진장흥 토요시장, 저편의 시내로 향한다. 한여름에는 탐진강 일대에서 정남진장흥물축제가 열린다. 얼른얼른 코로나 시국이 끝나고 활기찬 축제가 문을 열길 바란다.

전남 장흥군 장흥읍 장흥로 21
061-863-7071

❻ 해동사와 안중근 의사

해동사는 국내 유일 안중근 의사의 위패를 모신 사당이다. 안중근 의사 영정 2점과 친필 유묵 복사본, 위패가 모셔져 있다. 해동사 건립 당시 위패 봉안식을 담은 흑백 사진에는 딸 안현생과 5촌 조카인 안춘생이 안중근 의사 영정과 위패를 안고 장흥읍 동교다리를 담담히 걷는 모습이 보인다. 장흥군에서는 안중근 의사의 순국일인 3월 26일에 맞춰 추모 행사를 진행한다.

전남 장흥군 장동면 만수길 25-121

❼ 정남진전망대

태양과 황포돛대, 파도 등을 형상화한 전망대가 멀리서부터 시선을 잡아 끈다. 45.9m 높이의 10층 전망대는 해돋이 명소이자 득량만 일대와 소록도, 거금대교, 완도 등을 조망할 수 있다. 각 층을 테마 공간으로 구성해 문학영화관, 북카페, 축제관 등 장흥의 다양한 이야기도 만날 수 있다.

전남 장흥군 관산읍 정남진해안로 242-58
061-867-0399
09:00~19:00 (월요일 휴무)
어른 2000원, 청소년 1500원, 어린이 1000원

❽ 이청준 생가

전남 장흥은 우리나라 최초의 '문학관광기행특구'로 지정된 만큼 지역 곳곳에서 자부심과 지성이 느껴진다. '서편제', '선학동 나그네' 등 고향을 배경으로 주옥 같은 작품을 남긴 이청준 작가의 고향이 장흥으로 광주서중학교에 진학할 때까지 소년 시절을 보낸 생가가 그 모습 그대로 남아있다.

전남 장흥군 회진면 진목1길 9-3

❾ 소등섬

이청준 작가와 임권택 감독의 교집합 중 하나인 소등섬. 남포마을에 자리한 무인도로 하루 두 번 물길이 열리면 가볼 수 있다. 임권택 감독의 영화 <축제>의 주요 배경이기도 하다.

전남 장흥군 용산면 상발리 산 225

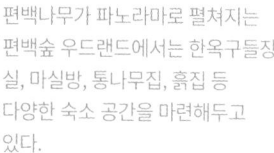

❿ 편백숲 우드랜드에서 STAY

편백나무가 파노라마로 펼쳐지는 편백숲 우드랜드에서는 한옥구들장실, 마실방, 통나무집, 흙집 등 다양한 숙소 공간을 마련해두고 있다.

전남 장흥군 장흥읍 우드랜드길 180
061-864-0063
08:00~18:00
어른 3000원, 청소년 2000원, 어린이 1000원
www.jhwoodland.co.kr

숙박시설 * 편백숲 우드랜드 회원 가입 후 선점 ·입금 대가입금 완료 후 예약 확정 한옥구들장실부터 대한옥실까지 다양한 시설 보유, 6만~40만 원

OVERVIEW

장흥

출처 | 장흥군 홈페이지

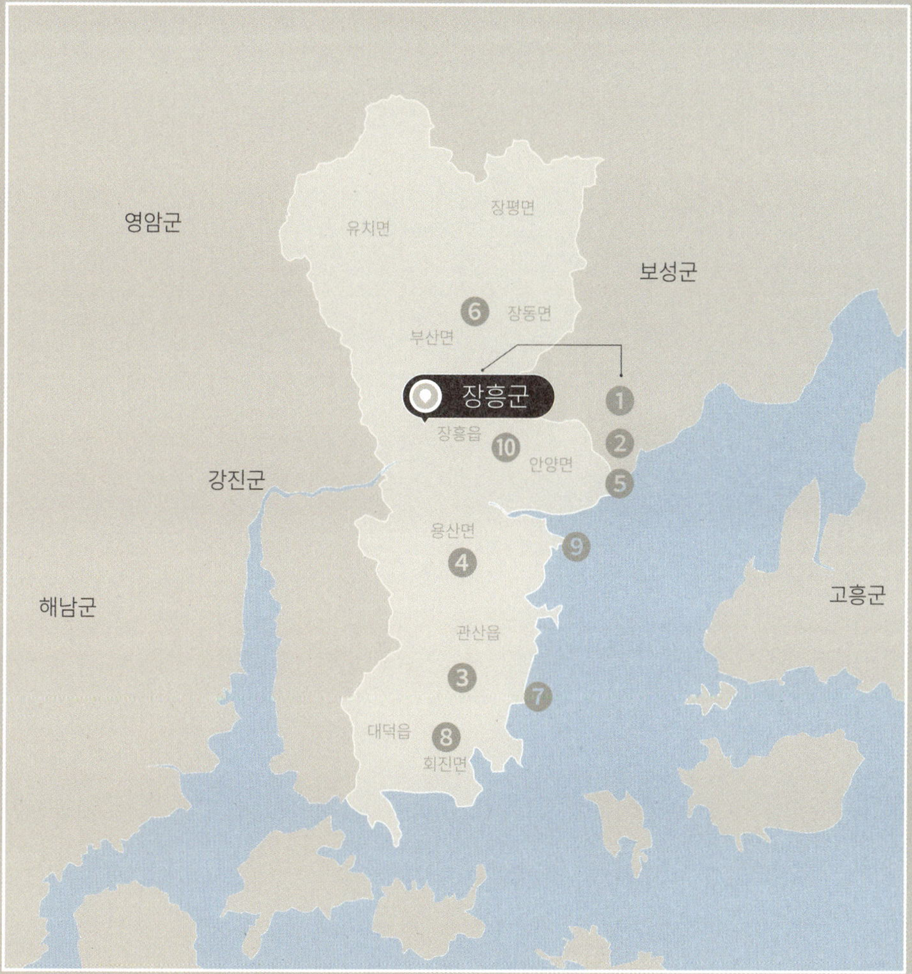

영암군
유치면
장평면
보성군
6 장동면
부산면
장흥군
1
2
5
장흥읍
10
안양면
강진군
용산면
4
9
해남군
고흥군
관산읍
3
7
대덕읍
8
회진면

총면적 618.2 ㎢

인구 37,689 명

(2020년 1월 31일 기준)

행정구분 3 읍 7 면 281 리

SRT 이용안내

나주역 (**SRT나주역에서 장흥군청** 약 48.9km / **렌터카 이용 시** 약 52분 소요) 장흥군청

침식된 산지가 지각운동이나 해수면의 변화로 침수되어 복잡한 해안선을 이루고 있는
지형을 리아스식 해안이라 하는데, 완도가 그 대명사다. 완도의 바다에는 맥반석과 초석이 깔려 있어
자체 영양염류가 풍부하며, 우리나라에서 가장 다양한 2200여 종의 바다 생물이 서식하고 있다.
맑은 탄산이 터지듯 완도의 바다를 떠올리면 가슴이 찌릿찌릿하다.

WANDO
완도

치유가 필요해

우리나라 해양치유나 바다자원에 대해 이해하려면 일단 완도에 가보시라. 265개의 섬, 4940㎢의 바다, 해안선마다 갯벌(64.8㎢)이 형성되어 있고, 연안 해역은 청정한 바다숲(Sea Forest·연안 바다 속에 감태 등 해조가 숲처럼 이룬 곳)이 조성된 완도는 '치유'의 결정체. 바다숲은 이산화탄소를 흡수하고 산소를 배출해 바다를 정화한다. 눈으로 볼 수는 없지만 완도 안에서 정화의 경험을 하는 것은 어렵지 않은 일이다.

완도의 신지명사십리해수욕장은 세계적인 친환경 해수욕장에 부여하는 블루 플래그(Blue Flag)를 우리나라에서 첫 번째로 획득했다. 안전과 환경교육, 수질, 주변 환경 등 4개 분야 29개 평가항목과 130여 가지의 까다로운 요구사항을 모두 충족한 신지명사십리해수욕장은 특히 공기 비타민이라 불리는 산소 음이온이

청환석 길만 걷자. 완도 구계등

풍부하고 고운 모래알과 주변의 숲, 탐방로 등 천혜의
자연 경관을 갖추고 있는 점을 높이 평가받았다.
오랜 시간 생명의 보고로 존재한 완도의 바다는 '해양
치유'라는 메커니즘을 통해 세상에 그가 가진 자원을
기꺼이 나누어 쓰려 한다.

꽉 움켜쥔다고 꼭 잡히는 법칙이란 없다는 듯
매 순간 정의로운 자연의 순환. 깊고 푸른 완도의 바다
에는 꿀벌처럼 부지런한 어민들이 뿌린 씨가 자라고
있다. 에메랄드빛 수면 위 격자무늬 양식장은 청정한
자연과 생명의 신비로 빚어진 커다란 작품이다.

바다에 씨앗을 뿌린 어민들은 봄의 포근함을 느낄
새가 없다. 새벽잠과 오슬오슬 추위를 뚫고 생명들을
보살피러 배를 띄운다. 오늘이 마지막인 것처럼,
내일은 없는 것처럼 최선을 다해 미역과 김, 전복을
길러낸다. 완도는 대한민국 수산업의 선봉장이다.
다시마, 톳, 매생이, 미역, 김 등 해조류는
전국 생산량의 60%, 전복은 무려 81%를 차지하며
완도산 전복은 으뜸 중의 으뜸으로 친다.
양이나 질로 완도를 따라올 자 누구냐.

맨발에 닿는 바다의 촉감, 신지명사십리해수욕장

모두가 노심초사하며 걱정과 안전을 바라는 나날, 황금빛 모래알로 수놓은 신지명사십리해수욕장을 느릿느릿 걷는다. 해가 넘나드는 지평선을 향해 서 있으면 맨발에 닿는 바다의 촉감. 고집도 불안도 없는 자연의 운영 속에 놓인다. 날숨에 걱정을 내려놓고 들숨에 에너지를 넘치도록 들이켠다.

우리 모두가 각자의 자리에 있어도 안전해지는 때가 오면 이 해변이 가진 자원을 이용해 다양한 해양치유 프로그램이 이뤄질 것이다. 그날을 손꼽아 기다리며 신지명사십리해수욕장과 가까운 거리에 자리한 구계등(九階燈)으로 걸음을 옮긴다. 이름처럼 해변에서 방풍숲까지 갯돌이 마치 아홉 개의 계를 이룬 듯한 구계등은 해안가를 촘촘히 메운 자갈이 인상적이다.

이 돌은 청환석으로 불린다. 헤아릴 수 없는 세월 동안 파도에 씻겨 푸른빛을 내는 돌. 어떤 돌은 머리만 하고 주먹만 한데 그 위를 걸으면 달각, 달각 서로 부딪쳐 나는 소리가 음악 같다. 청환석을 조심스럽게 포개 작은 탑을 쌓았다. 바람이 불면, 파도가 치면 탑은 흩어지고 그제야 속으로 바라던 일이 이뤄질지 모른다.

여기에서 이야기를 끝내면 완도에 바다만 있는 것으로 여길지 모르니 완도수목원 이야기도 꼭 해야겠다. 산과 바다가 어우러진 완도수목원은 국내 최대의 난대림 자생지다. 약 2033ha(600만 평) 규모로 다 돌아보려면 무려 2박 3일이 걸릴 정도다. 2020년 12월 완도수목원은 '국립난대수목원' 대상지로 최종 선정됐다. 향후 5년에 걸쳐 산림·해양치유 중심지로 조성되니, 국립난대수목원으로서의 위상이 벌써부터 기대가 된다.
전통한옥 양식으로 조성된 수목원 안의 산림박물관을 찾았다. 은은한 풍경 소리를 벗 삼아 누마루에서 바라보는 풍광이 참 근사하다. 멀리 시선 끝에 닿은 유리온실에는 따스한 공기 속에서 대왕야자부터 극락조화, 꽃기린 등 이름도 생김새도 인상적인 열대·아열대 식물들이 자라고 있다.

우리도 이처럼 각자의 자리에서 빛을 잃지 않는다면 일상이 기쁜가 내일이 바람이 곧 찾아오리.

개나리 빛깔의 모노레일 타고 완도타워에 유유히 오른다.
하트 모양의 섬, 주도부터 완도연안여객선터미널,
저 멀리 신지대교도 한눈에 담긴다.

신지명사십리해수욕장

완도와 신지면을 잇는 신지대교를 따라 신지명사십리해수욕장에 닿는다. 블루 플래그 인증을 받은 신지명사십리해수욕장은 공기 비타민이라 불리는 산소 음이온이 풍부하고 고운 모래알과 주변의 숲, 탐방로 등 천혜의 자연 경관을 갖추고 있다.

완도의 해양치유 프로그램이 이뤄지는 주요한 공간으로 해양성 기후, 지형, 일광, 해수, 해초, 해산물, 해니(갯벌), 해풍 등의 해양자원을 통한 치유의 경험을 제공한다. 2021년 3월 현재 코로나19의 영향으로 프로그램에 참여할 수는 없지만, 신지명사십리해수욕장을 거니는 것만으로도 청정한 자연이 우리에게 주는 힘이 얼마나 위대한지 알 수 있다.

완도타워

　　완도 시내 어디서든 바라보이는 완도타워. 높은 지대에 위치해 오르막을 걷는 수고를 좀 해야 하지만 모노레일을 탑승하면 완도의 전경을 느긋이 감상하며 타워까지 한 번에 닿는다. 완도타워는 야경, 모노레일, 집라인, 전망대에 자리한 달스윗의 전복빵(장보고빵)으로 잘 알려져 있다.

한여름에는 완도타워를 중심으로 짙푸른 녹음이 형성되어 보는 것만으로도 건강이 채워질 것만 같다. 어제 다녀온 신지대교, 오늘 다녀온 장보고대교가 어디 있는지 손끝으로 살펴보는 순간 눈앞으로 무언가 '쌩'지나간다. 발밑으로 나무 꼭대기, 팔을 벌리면 하트 모양의 주도에 닿을 듯 집라인이 하늘을 가른다.

천천히 숨을 크게 들이마셔보는 거야.
머리부터 발끝까지 차가운 공기,
이 푸른 에너지가 들이차도록.
나는 치유가 필요했고, 여기는 완도야.

국내 최대의 난대림 수목원인 완도수목원이 2020년 12월 '국립난대수목원' 대상지로 최종 선정됐다. 향후 5년에 걸쳐 산림·해양치유 중심지로 조성되니, 국립난대수목원으로서의 위상이 벌써부터 기대가 된다.

10 PICK
완도

❶ 해조류센터

김, 미역, 다시마, 파래, 톳, 모자반, 청각 등 해조류를 이용한 제품과 전시 공간을 둘러볼 수 있다.

- 전남 완도군 완도읍 해변공원로 84
- 061-550-5871
- 09:00~18:00 (월요일 휴무)

❷ 완도 쇼핑은 청산농협

김 원초가 꼬불꼬불한 곱창을 닮아 곱창 돌김. 일 년 중 10월 말부터 11월 중순에만 소량 생산되어 수확하는 귀한 김이다. 선물로 사가면 칭찬 백 마디는 들을 것이다.

- 전남 완도군 청산면 청산로 29
- 061-552-9388
- www.csdnonghyup.com

❸ 된장톳쌀국수

완도의 톳은 바다의 불로초로 불릴 만큼 영양이 높다. 칼슘, 철분, 요오드와 같은 무기질과 비타민, 식이섬유가 풍부한 톳쌀국수. 시원한 된장국물과 쫄깃한 면발이 잘 어울린다.

- 전남 완도군 청산면 청산로 29
- 061-552-9388
- 곱창돌김 50장 1만3000원, 된장톳쌀국수 1500원

❹ 완도수목원

국내 최대의 난대림 자생지. 2020년 12월 '국립난대수목원' 대상지로 최종 선정되어 산림·해양치유 중심지로 거듭날 예정이다.

- 전남 완도군 군외면 초평1길 156
- 061-552-1544
- 09:00 -17:00 (월요일 휴무)
- 어른 2000원, 청소년 1500원, 어린이 1000원

❺ 완도전복죽

일출부터 일몰, 완도의 하루를 순환하며 바다의 색을 닮은 전복죽 한술을 떴다. 바다에 뿌린 생명의 씨앗이 내 안에 퍼진다. 감사히 한 그릇을 비운다.

- 전남 완도군 완도읍 군내11번길 11-6, 귀빈식당
- 061-555-1545
- 09:00~21:00
- 전복죽-1만3000원(2인 이상)

❻ 완도타워

완도연안여객선터미널과 가까운 거리에서 모노레일을 탑승하면 지대가 높은 완도타워까지 큰 무리 없이 오를 수 있다. 완도타워는 야경, 일출, 모노레일, 집라인 등을 두루 경험할 수 있어 완도의 제1 명소로 통한다.

- 전남 완도군 완도읍 장보고대로 330
- 061-550-6964
- 09:00~21:00
- 어른 2000원, 청소년 1500원 어린이 1000원

❼ 바다풍경

현지인 추천 맛집. 전복구이, 광어튀김만 단품 주문도 가능하다. 오직 바다풍경에서만 맛볼 수 있는 광어튀김은 광어코스에 포함되지 않으니 참고하자.

- 전남 완도군 완도읍 해변공원로 47
- 061-554-9900
- 11:00~01:00
- 2인 기준 광어코스(회, 초밥, 탕수육, 광어미역국) 10만 원, 전복코스(회, 물회, 찜, 구이, 죽) 10만 원
- * 현지 사정에 따라 가격은 달라질 수 있습니다.

❽ 고인돌 쉼터

고금면사무소에서 남쪽을 향해 4km를 달리면 고인돌 쉼터, '완도 고금도 지석묘군'에 닿는다. 지석묘는 선돌과 함께 거석문화를 대표하는 유적으로 고인돌로도 부른다. 도서지방에서는 고금도 지석묘군 최대 밀집지로 가교리, 청룡리, 덕암리에 걸쳐 분포한다. 제 갈 길 가기 바쁜 도로 옆에 초록 풀과 나무들 사이의 커다란 고인돌은 완도의 또 다른 정서를 자아낸다.

- 전남 완도군 고금면 가교리 산 34-1

❾ 구계등

신지명사십리해수욕장과 아주 가까운 거리에 구계등이 있다. 구계등 해안가에서 달그락 소리를 내는 청환석을 포개 작은 탑을 쌓던 시간이 여전히 생생하다.

- 전남 완도군 완도읍 정도리 151

❿ 완도에서 STAY ★

까만 밤에 반짝이는 완도 타워의 불빛이 손에 잡힐 듯 가까운 타워 뷰도 좋고, 먼 바다를 향해하는 배들의 움직임을 바라볼 수 있는 바다 뷰 객실도 훌륭하다. 웰컴 캔디의 달콤함으로 시작해 안락함으로 하루를 마무리하고 싶다면 방문해보시길.

- 전남 완도군 완도읍 장보고대로 330-5, 파크힐컴포트호텔
- 061-552-2364
- 스탠더드 더블룸·바다전망 9만 원, 타워전망 8만 원
- www.parkhill.co.kr

OVERVIEW
완도

출처 | 완도군 홈페이지

총면적	391.8 ㎢	인구	49,916 명
			(2021년 1월 기준)

행정구분	3 읍	9 면

SRT 이용안내

 목포역 ·········· (SRT목포역에서 완도군청 85.8km / 렌터카 이용 시 약 1시간 30분) ·········· 완도군청

전라남도 서남단의 목포에는 무엇이 있기에 오늘도 크고 작은 배 오고 가나.
수많은 꿈 싣고 가나. 1897년 10월 1일 개항되어 3대 항 6대 도시로 명성을 떨쳤으며
눈물과 항구로 정의되던 목포가 다시금 화려한 날갯짓을 펼친다.
무엇이 되든 밖이 아닌 안에서 목포한 바 이루리.

MOKPO
목포

1

2

목포한 바
이루리

저녁 어스름이 내릴 때 목포 북항에 갔다. '목포의 눈물'이나 '목포는 항구다'로 대변되는 목포의 정서를 이곳에 가면 느낄 수도 있을 것 같았다. 북항이라는 이정표가 보이자마자 항구 주변에 피어난 네온사인이 화려하다. 다투듯 기세가 등등해 묵직한 항구와 대조를 이룬다. 항구에 정박한 배들 사이로 걸음을 떼자 검푸른 바다에 유유한 빛이 출렁인다. 푸르고 하얀 빛을 내뿜는 목포대교가 고혹적이다. 목포는 국도 1호선의 시점으로 종점은 북한 신의주다. 이 목포대교를 따라 제한 없이 달리면 평안북도 신의주시까지 이른다. 그런 날이 올까? 이런 짐작할 수 없는 나날을 헤아린 탓에 '목포의 눈물'이 탄생되었는지도 모르겠다.

목포는 우리나라에서 네 번째로 개항했다. 1897년 고종칙령에 의해 자주적으로 개항했다지만, 그 안에 자주적인 힘이 온전히 깃들었는지는 의문이다. 개항과 동시에 목포는 급속적인 발전을 이뤘다. 대중문화의 보급, 외래문화의 정착, 근대 건축물이 앞다퉈 세워졌다. 화려한 이면에는 항거와 만세운동이 있었으니, 목포는 일제강점기 수탈 도시로서 굴곡진 역사를 버티어냈다. 목포가 그 어느 도시보다 특별한 빛깔을 간직하고 있는 배경이다. 목포 전역에는 200여 채의 적산가옥이 남아 있다. 적산가옥은 적의 집을 뜻한다. 1945년 8월 15일 일본이 제2차 세계대전에서 패해 한반도에서 철수하면서 적산가옥은 모두 정부에 귀속되었는데 정부가 일반에 불하하면서 우리나라 사람들이 살게 되어 오늘날까지 이른다. 목포 전역의 적산가옥 수만큼 그 시대의 암울한 면이 드리워진다. 한편에서는 이러한 적산가옥을 없애야 한다는 의견도 있고, 우리가 되돌아볼 역사로 보존하고 새롭게 가꾸어야 한다는 의견도 있다. 무엇이든 사람의 발길이 닿아야 역사가 남긴 교훈을 되새길 수 있으리라.

'항구', '눈물' 목포만의 정서를 느끼고자 찾아간 목포 북항   1
거친 파도가 몰아친 흔적.   2, 3
목포 원도심의 적산가옥과
목포근대역사관 제1관

3

북항에서 4km 이내, 목포역에서는 걸어서 10분이면 목포 원도심에 닿는다. 몇 년 전 정치적으로 이슈가 되면서 많은 대중에게 소개된 그곳이다. 목포 사람들에게 구도심으로도 불리는 이곳은 유달산, 온금동 다순구미마을, 서산동 보리마당, 적산가옥이 밀집한 목포근대역사문화공간을 두루 둘러볼 수 있다. 백 년을 바라보는 적산가옥 중 어떤 건물은 목포의 근현대 역사와 생활상을 이해할 수 있는 공간으로, 어떤 건물은 상점으로 사람들이 걸음하고 있다.

그중 목포근대역사관 제1관은 구 목포 일본영사관(사적 제289호)으로 목포에서 가장 오래된 근대건축물이다. 붉은 벽돌의 2층 건물이 그 어느 곳보다 아름다워서 적잖이 마음이 아팠다. 인기리에 방영한 드라마 <호텔 델루나>의 주요 배경으로 등장하며 현재 많은 사람이 찾고 있기도 하다. 서산동 보리마당에는 영화 <1987>에 등장한 '연희네 슈퍼'가 그 모습 그대로 있다. 원래 슈퍼이기도 한 이곳은 몇 년간 주인 없이 있다가 영화 세트장으로 새 옷을 입으며 그 어느 때보다 바쁜 날들을 보내고 있다. 해설사 선생님에게 들은 바로 <1987>의 시나리오 작가인 김경찬 씨가 목포 출신. 당시 시대상을 잘 표현해줄 수 있는 공간으로 시화마을 일대를 낙점했단다. 주민들이 거주하는 공간인 만큼 조심스럽게 마을 일대를 돌아본다. 낮은 담 너머 목포 바다가 아스라하다.

지난 봄 다시 찾은 목포는 시간이 흐른 탓인지, 계절이 바뀐 탓인지 활력이 넘쳐흘렀다. 유달산을 음표처럼 흐르는 목포해상케이블카와 목포 원도심의 매력을 찾아온 젊은 여행객들이 눈에 자주 띄었다.
무엇이든 진심을 다하면 '목포' 한 바 이루리!

1, 2   목포에서 가장 첫 번째 세워진 근대건축물,
　　　목포근대역사관 제1관. 전시물을 비롯해
　　　방공호를 돌아보며 일제강점기의 아픔을 엿본다
3　　목포도시재생사업으로 재탄생한
　　　시화마을과 영화 <1987> 속 연희네슈퍼

2

3

I'm Here

고하도 전망대에 서면 목포의 오늘이 한눈에.
바닷길을 따라 목포대교와 인접한 용머리 해안까지
1km 구간에 설치된 고하도 해안 덱(Deck)도
목포대교 아래로 물살을 가르며 나아가는
크고 작은 배도 반짝반짝 눈부시다.

1

유달산

영혼이 거쳐가는 곳이라고 해서 영달산이라고도 불린 유달산은 목포의 상징이자 원도심에서 꼭 가봐야 할 명소다. 해발 228.3m로 길이 험하지 않으며 가볍게 산행하기에도 좋다. 노적봉관광안내소를 기점으로 10분에서 15분 남짓 오르면 노적봉, 오포대, 달선각에 이른다. 오포대에만 올라도 목포 시내가 한눈에 들어온다. 유달산을 옆구리에 끼고 북항의 바다를 팔베개하고 달리면 오늘날의 목포가 파노라마처럼 펼쳐진다. 낮은 낮대로, 밤은 밤대로 분위기가 다르고 드라이브 코스로도 그만이다. 1897년 개항한 목포는 그 어느 도시보다 빠르고 급속적인 발전을 이뤘다. 특히 목포 원도심은 목포의 어제와 그를 바탕으로 새로운 내일을 써내려가고 있다. 그 안에서 지금 가장 핫한 것은 뭐니뭐니해도 목포해상케이블카인 것 같다.

2

1   유달산 정상에 자리한 일등바위를 향해 가는 길
2   목포 원도심을 한눈에 조망할 수 있는 유달산

봄꽃으로 화사한 유달산과 푸른 바다를 1, 2
음표처럼 흐르는 목포해상케이블카
숭숭산책이라고 쓰인 크리스털 캐빈 안에서 3
옴짝달싹 못했던 순간은 지금도 식은땀이 난다.
세상 아름다운 모든 이면에는 '용기'가 있다

목포해상케이블카

목포역을 등지고 서자 유달산에 목포해상케이블카가 봄의 노래처럼 흐르는 것이 보인다. 이왕이면 투명한 크리스털 캐빈을 타는 것이 좋을 것 같아 표를 샀다. 일반 캐빈보다 가격이 더 비싼 이유가 '스릴'에 있는 건 탑승 후에 깨달았다. 탑승장을 지나 바다로 진입하는 케이블카… 바닥이 투명한 강화유리로 만들어져 아찔함이 상상 초월이다. 국내 최장 3.23km. 국내 최고 155m 높이라는 목포해상케이블카의 기념비적인 기록이 주마등처럼 스친다. 단양의 만천하스카이워크도 삼족오의 높이가 120m라 엄두도 내지 못했는데, 바다에서 155m 높이라니! 케이블카 의자에 본드라도 칠한 듯 숨도 못 쉬고 붙어 있었다. (그래도 여러분에게 크리스털 캐빈을 권합니다.)

3

ⓒ임익순

시화마을

비가 내리는 아침, 다순구미 마을과 지척인 시화마을을 찾았다. 마을 어귀엔 영화 <1987>에 등장한 '연희네 슈퍼'도 그대로다. 지금 시대에는 '레트로 감성'을 찾아 젊은 사람들의 발길이 잦지만 마을은 일제강점기까지 그 역사가 거슬러 올라간다. 목포의 도시재생사업을 통해 재탄생한 마을은 집 담벼락마다 시 구절과 소소한 그림들이 그려져 있다. 주민들이 거주하는 만큼 방문 예절을 지켜달라는 문구도 눈에 띈다.

전통의 디저트 '쑥꿀레'

Since 1956의 분식점이자 디저트 맛집이다. 목포 원도심에서 오랜 기간 사랑방 역할을 했을 이곳에는 사장님이 어머니께 전수받은 '쑥꿀레'(쑥굴레)를 내놓는다. 지나치게 달지 않은 조청에 부드러운 쑥떡이 담겨 있다.

전남 목포시 영산로59번길 43-1

백년빵집이 되리 '코롬방제과'

목포를 대표하는 브랜드이자 전국 5대 빵집으로 이름을 날린 코롬방제과. 시그니처인 새우바게트, 크림치즈 바게트에 이어 마늘바게트도 출시했다. 목포 갈 때마다 잊지 않고 챙기는 마늘바게트. (지금도 먹으며 글 쓰는 중)

전남 목포 영산로75번길 7

나 너 좋아하니 '가비1935'

목포 원도심의 대표적인 적산가옥 카페. 손맛은 물론 감각까지 두루 갖춘 최정희 사장님은 양갱부터 브라우니, 스콘 등 '가비1935'의 디저트를 책임지고 있다. 1층은 지난 역사의 흔적이 느껴지고, 유리온실처럼 밝고 화사한 2층도 어여쁘다.

전남 목포시 영산로 18

막걸리 강추 '명인집 근대역사관점'

모든 메뉴에 지역 특산물을 사용할 정도로 목포 사랑과 자부심이 남다른 명인집. 우럭간국부터 양념게장까지 음식도 분위기도 최고. 특히 명인집에서 직접 만든 수제 막걸리는 기가 막히다. 가비1935와 지척. 원도심에 위치한다.

전남 목포시 해안로173번길 45

10 PICK
목포

❶ 유달산

영혼이 거쳐가는 곳이라고 해서 영달산이라고도 불렀다. 높이 228.3m, 총연장 6.3km로 길이 험하지 않으며 가볍게 산행하기에도 좋다. 노적봉관광안내소를 기점으로 10분에서 15분 남짓 오르면 노적봉, 오포대, 달선각에 이른다. 오포대에만 올라도 목포 시내가 한눈에 들어온다. 달성사, 조각공원, 목포의 눈물 노래비 등을 볼 수 있다.

전남 목포시 죽교동 산 27-3
061-270-8411

❷ 유달산 일주도로 드라이브

유달산 일주도로를 따라 드라이브를 해볼까. 초록이 훤한 유달산을 옆구리에 끼고 북항의 바다를 팔베개하고 달리면 오늘날의 목포가 파노라마처럼 펼쳐진다.

❸ 해상 보행교 위에 갓을 쓴 바위

영산강 하구에는 총연장 298m, 폭 3.6~4.6m의 해상 보행교가 있다. 발아래 파도의 움직임이 고스란히 전해지는 보행교에 서서 갓바위를 바라본다. 천연기념물 제500호인 갓바위는 거대하고 신비롭다. 약 8000만 년 전 화산재가 굳어진 응회암으로 두 사람이 나란히 삿갓을 쓰고 서 있는 형상이라 갓바위로 불린다.

전남 목포시 용해동 산 86-24

❹ 갓바위를 지나 평화광장까지

해상 보행교를 따라 걸으면 곧장 평화광장으로 연결된다. 도심 속 해변공원인 평화광장에서는 봄, 가을이면 춤추는 바다분수 등의 프로그램이 진행된다. 개성 있는 카페와 손맛 좋은 식당이 밀집해 여행의 맛을 돋운다.

전남 목포시 평화로 82

❺ 목포근대역사관 제1관

만세운동, 저항의 제일선, 외래문화의 소용돌이에 선 목포를 가슴으로 이해할 수 있는 공간. 목포 최초의 서구적 근대 건축물로서 건립 당시 내·외관을 거의 그대로 유지하고 있다.

전남 목포시 영산로29번길 6
061-242-0340
09:00~18:00 (매주 월요일 휴관)
성인 2000원, 청소년 1000원
초등학생 500원

❻ 시화마을&연희네 슈퍼

도시재생사업의 일환으로 재탄생한 시화마을(보리마당). 가파른 계단을 따라 오르면 이곳 주민들의 삶의 숨결이 고스란히 느껴진다. 시와 그림을 그린 벽화, 영화 <1987>의 연희네 슈퍼가 있는 목포의 명소 중 하나다.

전남 목포시 해안로127번길 14-2

❼ 고하도 전망대

목포해상케이블카 고하도 스테이션의 오르막길을 따라 걸으면 전망대에 닿는다. 목포대교, 고하도 해안 덱, 목포 전경이 파노라마로 펼쳐진다.

전남 목포시 달동 산 188-7

❽ 김대중 노벨평화상 기념관

대한민국 제15대 대통령이자 한국인 최초로 노벨평화상을 수상한 김대중 대통령의 업적을 기리고자 2013년 개관했다. 지상 2층 규모로 전시동과 컨벤션동으로 구성되어 있다.

전남 목포시 삼학로92번길 68
061-245-5660
09:00~18:00 (월요일 휴관)
kdjnpmemorial.or.kr

❾ 목포 신도심의 청호시장

목포9미는 모두 수산물이다. 세발낙지, 홍어삼합, 민어회, 꽃게무침, 갈치조림, 병어회(찜), 준치무침, 아구탕(찜), 우럭 간국. 목포 원도심을 대표하는 시장이 목포종합수산시장이라면 신도심은 청호시장이다. 가게마다 제철 맞은 해산물과 목포가 자랑하는 홍어가 즐비하다.

전남 목포시 석현로 28
061-284-1379

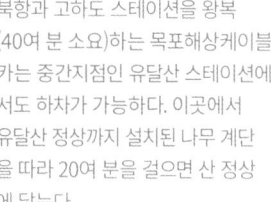

❿ 목포해상케이블카

북항과 고하도 스테이션을 왕복 (40여 분 소요)하는 목포해상케이블카는 중간지점인 유달산 스테이션에서도 하차가 가능하다. 이곳에서 유달산 정상까지 설치된 나무 계단을 따라 20여 분을 걸으면 산 정상에 닿는다.

전남 목포시 고하도안길 186
061-244-2600
일~목 09:00~22:00
금~토 09:00~23:00
www.mmcablecar.com

OVERVIEW
목포

출처 | 목포시 홈페이지

| 총면적 | 51.64 k㎡ | 인구 | 222,809 명 |

(2021년 2월 28일 기준)

행정구분 64 법정동   23 행정동

SRT 이용안내

 목포역 — SRT목포역에서 목포시청 2.7km / 렌터카 이용 시 약 7분 소요   목포시청

1000개 이상의 크고 작은 섬으로 이뤄져 천사섬, 신안으로 불리다.
2019년 4월에는 천사대교가 개통하여 더욱 넓고 깊은 신안을 볼 수 있게 되었다.
신안군청이 소재한 압해도부터 암태도를 연결하는 천사대교를 따라 자은도에 갔다.
돌, 조개, 백길, 독살. 자은도를 눈물겹게 빛내는 것들.

SHINAN
신안

이 모습이 나야.
천사섬 신안의 자은도

짙은 안개에 갇힌 천사대교를 조심히 달려 암태도와 자은도를 잇는 은암대교를 건넜다. 여름은 장마의 계절. 한동안 궂은비가 내린 신안 자은도는 산허리가 구름에 싸여 민낯을 보여주지 않았다. 여인송이 있는 분계해수욕장, 드넓은 양산해변, 독살(돌담으로 만든 개막이)을 볼 수 있는 둔장해변과 무한의 다리, 자은도에서 아름답기로 손꼽히는 백길해수욕장을 갔지만 모두 안개에 갇혔다. 자은도를 한 바퀴, 그렇게 유영하듯 떠돌다 알싸한 양파 냄새에 멈춰 섰다.

자은도의 양파밭에, 땅콩밭에, 대파밭에 어른들의 호미질은 쉼이 없다. 그 너머 산꼭대기에는 물안개가 잔잔하다. 영 쓸데없는 조급함을 내려놓았더니 어느새 말간 민낯을 보여주는 자은도다. 양산해변의 백사장부터 해안가에 나무로 만든 모래포집기가 그림처럼 어우러져 있다. 바다를 지켜주는 울타리 같기도 하고,

손으로 1만 번을 두드리면 이렇게 해변이 단단해질까? 드넓은 양산해변 위를 말 타고 달리면 정말 신나겠구나, 문득 생각했다

해안으로 통하는 싸리문 같기도 하다. 모래의 이동이 잦은 지역에 설치하는 이 모래포집기는 자은도에 모래가 얼마나 많고 또한 귀한지 알려주는 척도기도 하다.

양산해변 너머에는 1004뮤지엄파크가 있다. 아니, 양산해변을 앞마당처럼 드리우고 있다고 해야 옳겠다. 수많은 사람의 꿈과 구슬땀이 얽혀 있는 1004뮤지엄파크는 50만㎡ 부지에 조성된 복합문화예술단지로 크게 신안자연휴양림, 1004섬수석미술관, 세계조개박물관, 자생식물원 등으로 이뤄져 있다. 양산해변과 가까울수록 휴양림의 나무들은 모래포집기처럼 간격이 촘촘하다. 모래가 섞인 토양에서 서로의 뿌리가 서로를 지켜주는 역할을 하는 것이다. 나무의 생이 꼭 사람 같다. 파도가 철썩이는 소리를 들으며, 나비가 날아다니는 정원을 산책할 수 있다니 근사하고 가꾼 손길을 생각하면 대단하기만 하다.

신안은 유네스코 생물권보전지역이자 갯벌습지보호지역으로 자연환경이 우수하다. 특히 바다와 갯벌, 모래 등에서 서식하는 조개와 고둥은 환경변화의 지표가 되는 생물이다. 패류(연체동물문에 속하는 동물 중 패각이 있는 종류의 총칭) 표본을 기반으로 설립한 세계조개박물관은 갯벌의 환경지표인 조개와 고둥류를 연구하는 전문박물관으로 우리나라는 물론 세계적으로 희귀한 조개와 고둥을 소개하고 있다.

1004섬수석미술관의 원수칠 관장은 50년 가까이 수집한 수석 중 1004점을 신안군에 기증했다. 그중 260점을 미술관과 야외 수석공원에서 만날 수 있으며 우리나라를 대표하는 수석인들의 뛰어난 작품들도 더불어 만날 수 있다. 원 관장이 남한강에서 발견한 문양석 중 '흑나비'가 있다. 정말이지 검은색 나비가 돌에 박제된 것처럼 새겨져 있다. 그 아래 안내 문구가

"너는 조시도 모르냐?" 이게 무슨 뜻인지 아느냐고
전영자 해설사님이 질문했다. 물때가 들어오고 나가는 때,
섬생활의 기본이 '조시'라고.
내 삶의 기본은 무엇일까?

시키는 대로 벽면에 그려진 손바닥을 터치하자 우아한
선율과 함께 나비가 포드닥 날아가는 홀로그램이
펼쳐진다. 평생에 걸쳐 길을 가다 발에 차이는 돌 하나
허투루 보지 않았을 사람들의 열정과 인내가
1004섬수석미술관에 모였다.
양산해변에서 차로 약 18분 거리, 무한의 다리를 건너
면 할미섬 앞에 자리한 '독살'의 흔적을 만날 수 있다.
바다에 물이 빠져나갔을 때 돌무더기를 하나 옮겨놓아
쌓은 것이 독살이다. 썰물 때 독살에 막혀 미처 바다로
빠져나가지 못한 고기를 손쉽게 잡는 원시어업의
형태가 남아 있는 것이다. 무한의 다리를 오고 가는
사람들과 점점 물에 잠기는 독살, 대나무가 우거진
숲길, 완만한 해안가의 둔장해변이 엄마 품처럼 깊고
아늑하다.

양산해변의 모래포집기,
모래 유실을 방지한다.

바닷물 한 모금 삼킨 부드러운 바람이
해변의 끝에서 불어오네.
코끼리를 삼킨 보아뱀을 향해 천천히 한 걸음…
꿈이 아니라 황홀한 페이지 속으로.

신안 자은도-백길해수욕장

세계조개박물관

　해변을 거닐 때면 우연히 어여쁜 조개껍데기를 발견할 때가 있다. 작은 구멍이 뚫린 빈 조개껍데기는 돈으로도 못 사는 여행의 추억이 되곤 했다. 그런데 이 조개껍데기가 꽃이 된다니?! 세계조개박물관의 이주형 작가는 병에 수집한 조개를 바라보다 불현듯 꽃으로 만들 생각이 들었단다. 테이블 위에 놓인 작은 접시조개는 모두 자연산으로, 붉은색도 입힌 것이 아니라 고유한 색이다. 입김만 불어도 날아가 깨질 것 같은 접시조개들을 하나하나 이어 붙이자 세상에 하나뿐인 붉은 조개꽃이 태어났다.

1004섬수석미술관

"어떤 수석인을 만나느냐에 따라 수석은 단순한 돌이 되기도 하고, 전혀 다른 해석이 가능한 작품으로 다시 태어나기도 합니다. 남들은 쉽게 발견하지 못하는 것이 수석을 사랑하는 사람에게는 보이지요. 돌 안에 달도 있고, 계곡도 있고, 산도 있거든요." 원수칠 관장의 설명 속에 수석미술관 야외 전시관을 둘러본다. 돌 안의 달, 계곡, 산, 노신사를 찾아본다. 어쩌면 순수한 사람 눈에 더 잘 띄는 것 같다. 평생 하나만을 사랑한 바보. 그가 만든 세상은 참 신비롭고 견고하다.

알싸한 양파 냄새에 멈춰선 자은도의 구영리 마을

자은도의 양파밭에, 땅콩밭에, 대파밭에
어른들의 호미질은 쉼이 없다.
"얘야, 근심을 거둬라. 그것은 사치란다." 애초에 안개가
거기 있는 것이 무슨 상관인가.
양파가 가득한 초록의 밭 너머 산꼭대기에
물안개가 잔잔하다.

1004뮤지엄파크 내 신안자연휴양림

10 PICK 신안

❶ 무한의 다리

자은도 둔장해변 앞에 놓인 인도교로 구리도·고도·할미도를 연결하며 다리 아래로 원시어업의 형태가 고스란히 남아 있는 독살도 볼 수 있다.

- 전남 신안군 자은면 한운리 산231-2
- 0507-1324-8355

❷ 섬 속의 섬 '옥도'

자은도의 땅끝마을 한운리에 자리한 옥도는 썰물 때면 바닷길로 이어진다. 죄를 지은 사람을 가두던 섬이라 하여 '옥도'로 불리는데 의미와 달리 어여쁘게만 보인다.

- 전남 신안군 자은면 한운길

❸ 양산해변

1004뮤지엄파크의 자연휴양림과 자연스럽게 연결되는 해변은 고즈넉하고 신비롭다. 크고 작은 염생식물을 관찰하며 여유로운 시간을 보내기에도 그만.

- 전남 신안군 자은면 백산리

❹ 1004섬수석미술관

스마트폰 앱을 이용하면 신선이 등장해 수석미술관을 생동감 있게 안내하는 등 정보통신기술(ICT)로 수석의 아름다움을 다채롭게 조명한다.

- 전남 신안군 자은면 자은서부2길 508-68
- 061-240-8357
- 10:00~17:00 (월요일 휴관)
- 성인 기준 1만 원

❺ 백길해수욕장

자은도에는 50여 개에 이르는 해변과 9곳의 해수욕장이 있는데 그중 백길, 분계, 둔장이 손꼽힌다. 깨끗하고 단단한 모래사장의 백길해수욕장은 해안 산책과 오토캠핑을 즐기기에도 좋다.

- 전남 신안군 자은면 유각리 229
- 061-271-5600

❻ 천사대교

2019년 4월 4일 개통한 총연장 7.2km의 천사대교 덕분에 신안은 몸과 마음에서 더욱 가까워졌다. 암태도의 오도선착장과 압해도의 천사대교 전망대에서 그 위용을 좀 더 자세히 바라볼 수 있다.

- 전남 신안군 암태면 신석리, 오도선착장

❼ 분계해수욕장의 여인송

조선시대부터 방풍림으로 조성한 분계해수욕장의 숲은 아름드리 해송 100여 그루가 장관을 이룬다. 일몰이 아름다운 해안가에는 연인들의 사랑을 이어준다는 여인송이 있다.

- 전남 신안군 자은면 백산리

❽ 세계조개박물관

해남 땅끝해양자연사박물관의 임양수 관장이 기증한 1만1000여 점의 세계 희귀 조개와 고동, 예술작품 등을 통해 해양생물에 대한 흥미와 이해를 높인다.

- 전남 신안군 자은면 자은서부2길 508-65
- 061-240-5474
- 09:00~18:00 (월요일 휴관)
- 1004뮤지엄파크 입장료 성인 1만 원, 청소년 5000원, 어린이 3000원

❾ 고산 1004섬 휴게소

천사대교 개통으로 팔금도를 오가는 여객선 운항이 중단된 팔금면 고산대합실이 '고산 1004섬 휴게소' 이탤리언 레스토랑으로 변신했다. 신안의 싱싱한 해산물이 담긴 리소토와 파스타를 맛보며 천사대교의 야경을 한눈에 바라볼 수 있다.

- 전남 신안군 팔금면 삼층석탑길 473
- 061-246-9394
- 11:00~21:00 (월요일 휴무)

❿ 신안자연휴양림에서 하룻밤 STAY

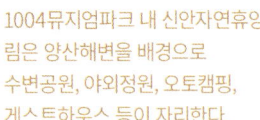

1004뮤지엄파크 내 신안자연휴양림은 양산해변을 배경으로 수변공원, 야외정원, 오토캠핑, 게스트하우스 등이 자리한다.

- 전남 신안군 자은면 자은서부2길 508-77
- 061-240-3261
- 총 10개 객실 운영, 4만~7만 원

OVERVIEW
신안

출처 | 신안군 홈페이지

| 총면적 | 655.68 ㎢ | 인구 | 38,907 명 |

(2021년 2월 28일 기준)

| 행정구분 | 2 읍 | 12 면 | 143 리 |

SRT 이용안내   SRT목포역   (SRT목포역에서 신안군청 9.2km / 렌터카 이용 시 약 15분 소요)   신안군청

바다가 짠 것은 고래가 흘린 눈물 때문일까? 많은 이의 손길로 되살아나
울산 도심을 가로지르는 태화강을 따라 더 깊은, 더 넓은 바다로 향한다.
고래로 시작해 고래로 귀결되는 도시 또한 울산이니 우리네 삶과 다를 바 없는
희로애락의 숨결이 그득하다.

ULSAN
울산

그고 원민힌 해안기, 과개안

귀신고래가 놀던 장생포

어떤 사람에게 울산은 산업도시다. 우리나라가 산업화로 반짝이던 1960년대 울산은 공업센터로 지정되며 산업도시로 급성장했다. 아니, 울산은 항구도시다. 1963년 개항한 울산항은 세계 액체물류 중심항만으로 국내 1위, 세계 4위라는 위상을 떨치고 있다. 울산은 공업용수가 풍부하고 경암질로 이뤄진 지반 덕분에 공장 건설과 산업 도시로 두루 발전할 수 있었다. 경부고속도로를 비롯해 3개의 고속국도, 5개의 일반국도, 철도, 항공, 항만 등 사통팔달의 교통망 또한 울산의 경쟁력이 되었다. 아니, 이 모든 것은 울산을 말하기에 부족하나. 울산은 고래 노시나. 고속노로가 생기기 전에, 울산항에 큰 배가 오가기 전에, 공장이 세워지기 전에 울산에는 귀신고래가 찾아와 사람들을 놀래곤 했다.

울산 시민도 대왕암공원에는 여행하는 마음으로 온다고 들었다. 관광지 중에서도 관광지인지라 울산을 여행하며 그 어떤 곳보다 가장 많은 사람을 보았다. 엄청난 해풍을 맞으며 대왕교를 지나 대왕암 꼭대기에 올랐다. 서로 사진 찍어주기 바쁜 연인과 가족 사이에서 기괴하고 거대한 바위를 바라보았다. 전설이 없으면 이상하다. 이 모습은 물에서 벗어나려는 용의 몸짓이라고 한다. 옛이야기에 사람 심장을 하나 더 먹으면 구미호에서 사람 되는 여우나, 1년만 더 기다리면 용이 되는 이무기 이야기는 나 역시 사람이면서 응원하는 마음이 생긴다. 동해바다를 벗어나는 마지막 몸부림. 거대한 물보라를 일으키며 하늘로 승천한 용은 대왕암이라는 흔적을 남겼다. 슬도를 향하여 걷는 길에서는 복선처럼 고래와 관련된 푯말을 마주쳤다. 크고 완만한 해안가는 과개안, 순우리말로 너븐개로도 불리는데 1960년대까지 동해의 포경선들이 고래를 이곳으로 몰아 포획한 곳이라고. 자갈에 부딪쳐 흩어지는 파도는 잔잔하고 그 앞에 저마다의 시간을 보내느라 분주한 사람들 뒤에서 고래의 무덤을 생각한다. 둥글고 거대한 해안가에는 귀신고래도 왔었을까?

울산은 1986년 포경이 금지되었고, 장생포항 일대를 고래문화특구로 지정하여 옛 이야기들을 고스란히 전하고 있다. 장생포고래박물관의 '인간과 고래' 편에는 "고래는 착한 심성을 갖고 있으며, 인간은 이를 이용해 고래를 사냥했다"는 아이러니한 내용이 쓰여 있다. 포경선이 새끼 고래를 먼저 잡고, 필사적으로 쫓아오는 어미 고래까지 잡는다는 것이다. 배 주위를 맴도는 아빠 고래와 친구 고래들도 포획되고 만다. 전시된 거대한 뼛조각을 바라보며 감탄만 하기에는 무수하게 포획된 고래에게 미안할 뿐이었다. 예전에 '돼지'와 관련한 취재를 하며 돼지가 버릴 것이 하나 없는 가축임을 알았는데 고래도 마찬가지란다. 특히 고래 기름은 고래의 부산물 가운데 가장 중요하게 이용되어 포경의 주원인이 되었다고.

옛날 옛적에 울산에는 신출귀몰한 귀신고래가 살았다. 제대로 산다면 70년을 살고 충분히 성장하면 수컷은 체장 13m, 암컷은 14m까지도 자란다. 1년간 임신하여 4.6m 정도의 새끼를 낳는다. 우리나라 성인남녀의 평균 신장이 2m가 넘지 않으니 눈앞에서 이 고래를 본다면 그저 아무 말도 하지 못하리. 세계에서 유일하게 한국 토종고래의 학명이 붙은 귀신고래는 더 이상 울산에서 찾아보기 어렵게 됐다. 1912년 국제적 포경기지였던 울산 장생포에서 처음 발견된 귀신고래는 순식간에 멸종위기를 겪었다. 일제강점기 무분별한 포획으로 귀신고래는 물론 혹등고래와 대왕고래도 자취를 감춘 것이다. 2019년 12월 방영한 <MBC 스페셜>에서는 멸종위기를 맞은 우리나라의 귀신고래를 추적했으며, 1977년 울산 방어진 앞 5마일의 해역에서 남하회유하고 있는 귀신고래 2마리를 마지막으로 동해에서 귀신고래를 만날 수 없음을 전하고 있다.

고래가 주인공인 옛이야기가 있다면, 고래는 사람을 용서했을까? 모진 고난을 이겨내고 끝내 행복하게 살았을까? 우리나라의 역사를 되돌아보면 이들 고래처럼 큰 수난을 겪었다. 수난을 겪은 것이 고래의 잘못 때문인가. 약한 것이 죄인가. 외면하고 싶은 진실을 당당히 마주하고 바른 변화를 일으키는 것이 오늘을 사는 우리의 몫일 것이다. 언젠가 귀신고래가 동해바다에 나타나주길. 고향 바다에 찾아와 포경의 고통 없이 마음껏 어미와 새끼가 헤엄치는 모습을 꿈에서라도 보게 되길.

울산 동구의 대왕암공원. 자신을 끌어당기는 바다를 끝내 떨쳐내고 하늘로 승천한 이무기. 그때의 흔적이 남아 대왕암이라고 불린다

대왕암공원 해송 숲 울산 시민도 대왕암공원에는 여행하는 마음으로 온다고 들었다.
용의 전설이 흐르는 대왕암에 오르러, 1만5000그루의 해송 숲에서 큰 숨을 쉬러, 100년이 넘는
울기등대를 눈앞에서 보려고. 그 많은 사람 모두 보고 모두 숨겨주는 크나큰 바다 숲에 나도 빠져든다.

1

장생포고래문화마을

1960~70년대 고래 포경으로 성업한 장생포의 역사를 생생히 만나보자. 장생포고래문화마을은 고래광장, 장생포옛마을, 선사시대고래마당, 고래조각정원, 5D입체영상관 등 볼거리가 다채롭다. 이중 '장생포옛마을'은 선장의 집, 기념품가게, 국민학교, 고래해체장 등 고래와 함께 피고 진 장생포의 영화를 레트로라는 키워드로 풀어내어 특히 많은 사랑을 받고 있다. 하얀 개가 1만 원짜리 지폐를 물고 있는 청수이용원에 들어가 드라이어로 머리 말리는 흉내도 내보고, 우물에서 물을 길어 펌프질도 해본다. 어느새 입가에 잔잔한 미소가 걸린다.

2

3

"기계와 머리는 굴려야 산다
내 힘으로 졸업하여 자랑스러운 자식 되자!"
장생포국민학교 앞에 떡하니
붙어 있는 표어다.
열려 있는 교실에 들어가니
책걸상이 참으로 앙증맞다.
한때는 저기에 앉아
국어책을 소리 내어 읽던
어린 나를 그려본다.

1 　아이스 아메리카노와 고래가 안 든
　　고래빵을 맛보며 장생포옛마을 한 바퀴.
　　이래저래 뜨거운 마음이 좀 풀린다
2 　장생포 역사의 한 장면,
　　부속시설로 조성된 고래해체장
3 　청수이용원 골목길.
　　'친구야, 놀자!' 외치고 싶어진다

ULSAN　　울산

"고래는 예로부터 버릴 것이 하나도 없는 동물로 알려져 왔으며, 고래고기, 고래기름, 고래의 심줄 등이 다양하게 쓰여 왔다. 특히 고래기름은 고래의 부산물 가운데 가장 중요하게 이용되어 포경의 주원인이 되었다. 긴수염고래의 기름은 마가린 등 식료품과 화장품, 비누 등에 이용했고, 향고래의 기름으로는 세제나 윤활유, 기계유, 양초, 약품 등을 제조하였다. 한편 고래수염이나 향고래의 아래턱뼈 등은 공예품의 재료로 쓰이고, 뼈는 고래기름을 채취한 후 비료나 가축의 사료로 이용되었다."

장생포고래박물관의
'고래 착유장' 편 발췌

1

2

1 몸길이 26m, 몸무게 80t에 달하는 참고래의 수염
2 75mm 포경포 작살과 1970년대 포획된 참고래를 구경하는 인파가 흑백사진에 담겼다

| 장생포고래박물관

　　울산 여행을 하며 한 번도 본 적 없는 고래들을 곳곳에서 만났다. 울주 대곡리 반구대 암각화에 새겨진 혹등고래, 범고래, 귀신고래, 고래를 포획하던 곳이던 대왕암공원의 과개안. 그리고 고래가 얼마나 큰지 알 수 있었던 그들의 뼛조각으로. 고래 입장에서는 하나 좋을 일이 아니지만 인간의 삶에서 고래는 큰 축을 담당했다. 외면해서는 안 되는 역사의 현장을 정면으로 응시한다.

어디 있어? 어디, 어디? 망원경 속에서 선조들의 유물을 찾아본다.
절벽 암반에 새겨진 선사시대의 보물, 울주 대곡리 반구대 암각화

10 PICK
울산

❶ 울주 대곡리 반구대 암각화

외고산 옹기마을과 함께 빼놓을 수 없는 울주군 여행 코스 중 하나다. 절벽 암반에는 호랑이, 멧돼지, 사슴, 거북이부터 작살 맞은 고래, 배를 타고 고래를 잡는 어부의 모습을 묘사하여 총 200여 점의 그림이 새겨져 있다. 반구대 암각화는 신석기 말에서 청동기시대의 것으로 추정된다.

- 울산 울주군 언양읍 반구대안길 285

❷ 울주 천전리 각석

태화강 물줄기인 대곡천 중류의 기슭에 자리한 암석에 청동기시대부터 신라 말까지의 그림과 글씨가 서로 다른 기법으로 표현되어 있다.

- 울산 울주군 두동면 천전리 산 210-2
- 052-229-7637

❸ 장생포고래박물관

고래잡이 전진기지였던 장생포에 고래박물관을 건립해 사라져가는 포경 유물과 고래와 관련한 다채로운 자료를 수집·전시하고 있다.

- 울산 남구 장생포고래로 244
- 052-226-0980
- 09:00~17:30 (월요일 휴관)
- www.whalecity.kr

❹ 장생포고래문화마을

장생포 고래잡이 어촌의 모습을 그대로 재현한 장생포 옛마을을 비롯해 고래광장, 고래마당, 고래조각정원, 수생식물원 등의 시설을 갖추고 있다.

- 울산 남구 장생포고래로 244
- 052-226-0980

❺ 당사해양낚시공원

용바위와 넘섬이 이어진 바다 위 산책로는 강태공들에게 유명한 낚시공원이다. 바다 산책과 낚시를 즐기려는 이들로 문전성시를 이룬다.

- 울산 북구 용바위1길 58
- 052-282-1116
- 09:00~22:00
- 어른 1000원, 청소년 500원
  낚시이용료: 어른 1만 원, 청소년 5000원

❻ 고래빵

울주 대곡리 반구대 암각화에서 모티브를 얻은 고래빵. 고래가 안 들어가서 더 맛있다! 고래빵답게 크기도 커서 마음에 쏙. 장생포고래문화마을 내에서 구매 가능.

- 울산 남구 장생포고래로 244
- 10구 1만3000원, 20구 2만5000원

❼ 고복수음악관

울산을 대표하는 음악가 故 고복수 선생님의 일대기를 만날 수 있는 고복수음악관. 1층 전시관과 2층 카페에서는 복고풍 의상을 대여해 원도심 투어도 할 수 있다.

- 울산 중구 중앙1길 9
- 052-290-4430
- 10:00~18:00 (월요일 휴관)

❽ 별까루 고래인형

장생포고래박물관에서 만난 귀여운 인형은 귀신고래를 모티브로 제작되었다. 고래 배 속으로 들어가는 플라스틱으로 만들어 보기만 좋은 게 아니라 의미도 깊다.

- 울산 남구 장생포고래로 244
- 052-222-0879
- 대형인형 5만 원, 소형 1만8000원
  www.고래랑놀자.kr

❾ 대왕암공원

동해바다를 둘러싼 울창한 해송 숲, 대왕암의 일출, 해녀포차, 울기등대 등 울산을 대표하는 관광 명소다.

- 울산 동구 일산동
- 052-209-3738
- 매일 00:00~24:00
- daewangam.donggu.ulsan.kr

⓵⓪ 우리나라 옹기의 모든 것, 외고산 옹기마을 ★

장인의 삶을 엿볼 수 있는 옹기마을, 우리나라 옹기의 역사를 만나는 박물관, 옹기 관련 체험과 교육을 진행하는 아카데미까지! 옹기의 모든 것이 이뤄진다.

- 울산 울주군 온양읍 외고산3길 36
- 052-237-7894
- 울산옹기박물관·옹기아카데미 :
  09:00~18:00
  발효아카데미
  09:00~16:00 (월요일 휴관)
- 발효아카데미 체험료 : 개인 1만 원,
  단체 8000원(30인 이상)
  옹기아카데미 체험료 : 개인 7000원
  단체 5000원 (30인 이상)
  울산옹기박물관 입장료 : 무료
  onggi.ulju.ulsan.kr

OVERVIEW
울산

출처 | 울산광역시 홈페이지

총면적	1,062.05 ㎢	인구	1,138,581 명
			(2020년 10월 31일 기준)

행정구분 4 구   1 군   44 동

SRT 이용안내

 울산역 ─────── (SRT울산역에서 울산시청 19.7km / 렌터카 이용 시 약 30분 소요) ─────── 울산시청

121

대전은 교통 요충지다. 서울 시청에서 대전 시청은 161.7km,
광주 시청에서도 168.5km로 우리나라의 심장부에 위치하여 '중도'로도 불리는 대전이다.
하지만 이번 여행은 가깝고 빠른 대전을 떠나
크고 너른 '한밭 대전'을 마음껏 탐닉하는 시간이다.

DAEJEON
대전

복잡하고 번잡한 데서 멀어지자

'한밭'의 옛 지명에서 알 수 있듯 대전은 크고 넓은 데다 도심에 숲, 공원, 휴양림, 산림욕장이 잘 어우러져 언택트 여행을 즐기기 그만이다. 먼저 느긋하게 걸으며 사색을 즐기는 사람이라면 '대청호오백리길'이 좋겠다. 500리를 풀어놓으면 서울에서 천안을 왕복할 수 있다. 42.195km 마라톤 코스로 치면 경기를 네 번 뛰는 셈이다. 대청호오백리길은 대전(동구·대덕구)과 충북(청원·옥천·보은)에 걸친 약 200km 둘레길로 전체 21개 구간, 대청호 주변 자연부락과 소하천, 등산길, 임도, 옛길 등을 포함하고 있다. 그중 '호반낭만길'이라는 테마가 담긴 4구간은 대전 동구 윗말뫼에서 시작해 드라마 <슬픈연가> 촬영지와 대청호자연생태관, 습지공원, 연꽃마을 등을 거친다. 기다란 나무 덱(Deck)을 따라 호반길을 걷노라면 대청호오백리길의 슬로건 '사람과 산과 물이 만나는 곳(Where people, mountains and waters meet)'을 오감으로 느낄 수 있다. 드라마 주인공이 어디 TV에만 있을까? 시원한 바람과 길 위에 떨어진 노란 낙엽, 대청호를 따라 드리워진 짙은 수목 사이를 걷노라면 앞으로두 인생의 주인공은 나임을 깨닫는다.

유성온천지구로도 잘 알려진 대전 유성구에는 대전 시민들의 자연 쉼터인 수통골이 자리한다. 높이 846.5m의 계룡산에 자리하지만 수통골까지는 큰 경사 없이 평지로 이뤄져 있고 곳곳에 두툼한 멍석이 깔려 있어 남녀노소 누구나 부담 없이 산행을 즐길 수 있다. 작은 물고기들이 헤엄치는 모습을 훤히 볼 수 있는 계곡물은 참 맑디맑다. 용이 미끄럼을 타고 지나간 것처럼 붉은 비늘 자국이 나 있는 암석도 눈길을 끈다. 대전의 차가운 매력에 풍덩 빠져든다. 내처 들른 한밭수목원. 입구의 종합안내도 앞에서 걸음을 떼지 못했다. 엑스포시민광장을 사이에 두고 서원, 동원으로 나뉘어 규모가 엄청나다. 지도를 봐도 길을 잘 잃는 기자는 그냥 발길 닿는 대로 걸어보기로 했다.

대청호오백리길을 걷는다.
마음은 넓어지고
말하는 대로 모든 것이
이뤄질 것만 같은 평온이 들이찬다

새파란 하늘에 하얀 구름이 밀려간다. 도심 한가운데 들어선 엄청난 규모의 수목원에서는 시민들이 나와 자전거도 타고 인라인도 탄다. 대전 시민들 참 부럽다, 생각하며 정처없이 걸어본다. 그나저나 여기는 어디인가? 물오리나무, 소나무숲, 무궁화원, 습지원, 숲속의 작은문고 등이 자리한 서원인가.
유실수원, 수국원, 식이식물원, 허브테마가든 등이 자리한 동원인가. 한밭, 이름대로다.

발길 닿는 대로 걸었더니 동원의 천연기념물센터. 식물로 가득할 거라 예상했던 이곳에는 식물 외에도 진돗개, 반달가슴곰, 산양, 수리부엉이 등의 동물 표본(박제)과 한반도가 생성되기 이전부터 지금에 이르는 천연기념물 화석 표본 등도 전시돼 볼거리가 수월찮다. 재일교포 2세인 박희원 관장이 기증한 털매머드(Wolly Mommoth) 화석 표본도 만났다. 한국인이 직접 발굴단을 구성해 현장에서 발굴한 최초의 것으로 털매머드의 피부 조직과 털도 볼 수 있다. 코로나19도 역사의 희귀한 한 점으로 사라지는 때가 오겠지. 한밭수목원에서 만난 뜻밖의 털매머드를 바라보며 어제와 다른 오늘을 희망해본다.

한밭수목원 내에 자리한
열대식물원

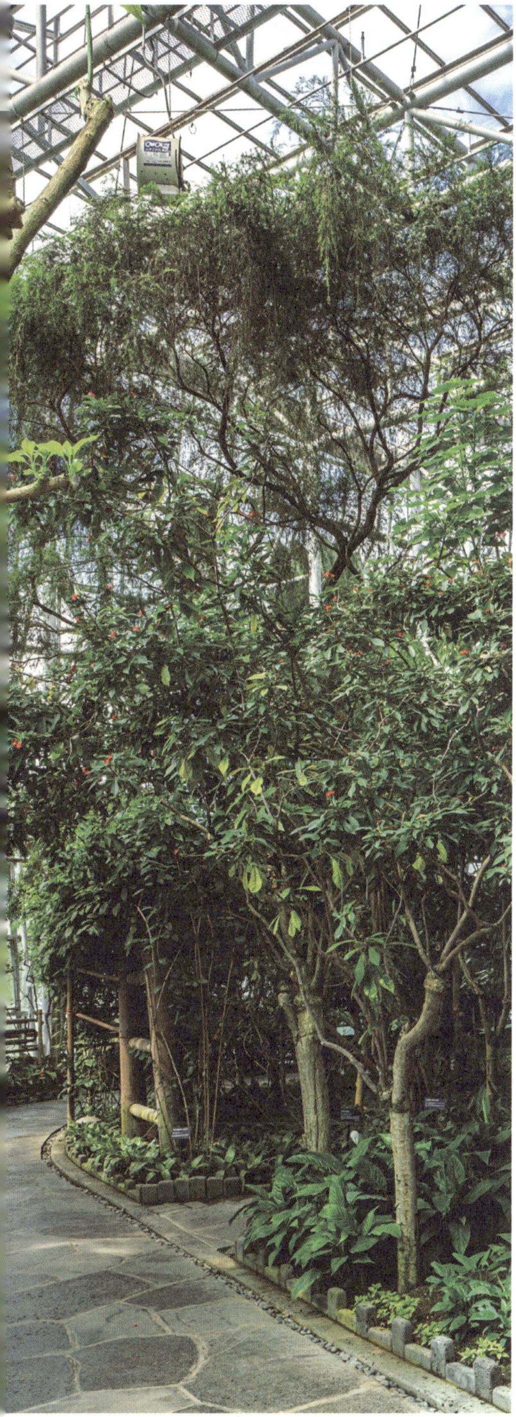

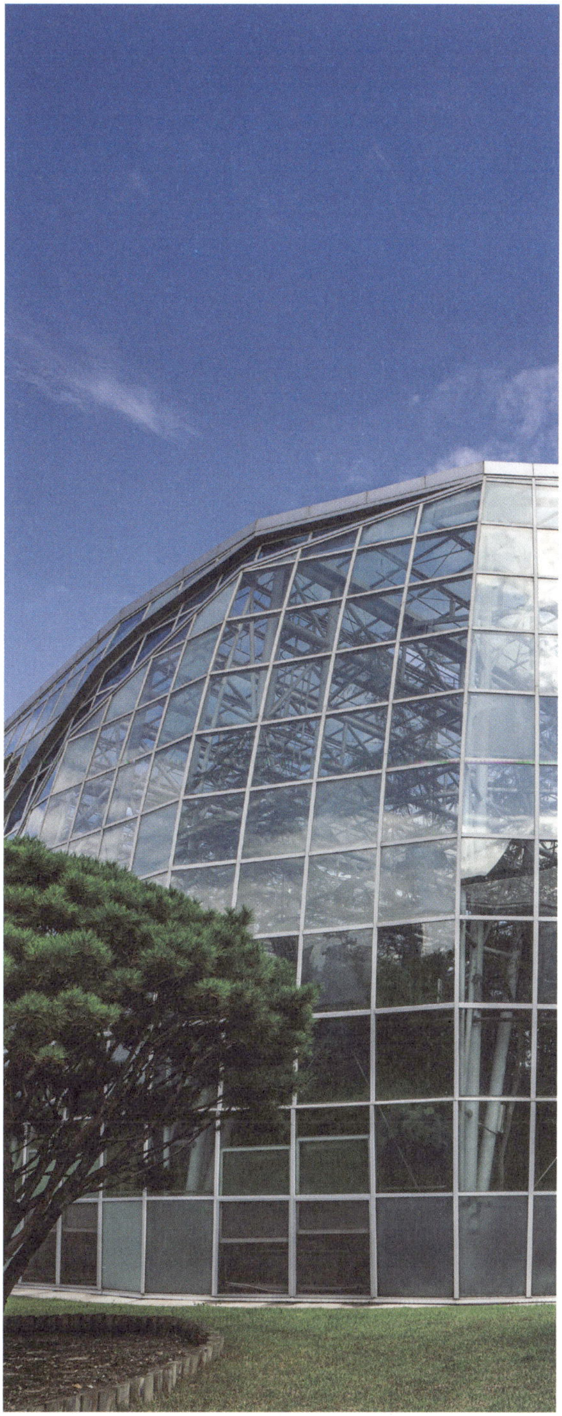

그리움이 지나치면 병이 되니까
서로가 너무 그립지는 않도록 해.
닫힌 문을 열고 크고 넓은 길을 걸어와줘.
이럴 때일수록 생각은 크고, 마음은 넓게 가져야 해.
'한밭'에서 이처럼.

I'm Here

대전 서구 장태산자연휴양림

대전 동구 만인산자연휴양림

I'm Here

대전 동구 상소동산림욕장

대청호오백리길

여름 장마를 온몸으로 받아낸 대청호오백리길은 초록의 숲이 점점이 박혀 섬처럼도 보인다. 인기 코스 중 하나인 4구간은 배우 권상우와 김희선이 주연한 드라마 <슬픈연가>의 촬영지로도 잘 알려져 있다. 바람과 낙엽, 호수와 새소리를 따라 기다린 덱을 걷노라면 고요한 평화가 마음에 깃든다.

대청호오백리길 4구간 (12.5km / 약 6시간 소요)
대전 동구 윗말뫼(더리스 인근) - B지구 - <슬픈연가> 촬영지 - 전망 좋은 곳 - 가래울 - 교촌 - 대청호 자연생태관 - 습지공원 - 추동 취수탑 - 황새바위 - 연꽃마을 - 금성마을 삼거리 - 엉고개 - 제방길 – 신상교

| 수통골

　　　　산속에 자리한 계곡이라고 하여 엄청나게 힘든 산행을 예상했는데 모두가 말해준 것처럼 '어린이도 쉽게 갈 수 있는' 곳이었다. 계룡산국립공원 체험학습관과 인접한 입구에는 주차장이 널따랗게 조성되어 있다. 수통골 초입은 골짜기를 사이에 두고 산을 오르는 사람은 왼쪽, 내려오는 사람은 오른쪽으로 양방통행길을 구분해놓았다. 제일 번잡할 수 있는 입구부터 이러한 배려가 담겨 있으니 산행이 가뿐할 수밖에 없다. 수통골까지는 가벼운 옷차림도 문제없고 계룡산국립공원을 제대로 탐방할 목적이라면 등산복을 갖춰 입는 것이 좋다.

이덕상 선생이 7년간 쌓아올린 돌탑들, 상소동산림욕장

기품 있는 연꽃의 자태를 볼 수 있는
유림공원

10 PICK
대전

❶ 뿌리공원

전국 유일의 효 테마공원. 우리나라를 비롯해 세계의 효 문화, 족보, 뿌리에 관한 지식을 가득 채울 수 있는 곳이다. 이날 이때까지 온전히 서 있는 건 오직 부모덕이라는 것을 전시작품과 위인들의 이야기로 깨닫는다.

⌂ 대전 중구 뿌리공원로 79
☎ 042-288-8310

❷ 대전장동산림욕장과 계족산황톳길

가벼운 산행과 자전거 하이킹을 동시에 할 수 있는 대전의 대표적인 힐링 명소. '2021~2022 한국관광 100선'에 오른 계족산황톳길은 장동산림욕장 순환임도 전 구간에 걸쳐 조성되었다. 총 길이 14.5km의 황톳길을 따라 자연이 주는 보드라운 정서에 빠져든다.

⌂ 대전 대덕구 장동 59
☎ 042-623-9909

❸ 상소동산림욕장

이덕상 선생이 1965년부터 7년간 쌓아 만든 돌탑이 산림욕장 곳곳을 채운다. 1971년 대홍수에는 이 돌탑들이 물막이 역할을 해 큰 재난을 피했단다. 아름다운 외관과 단단한 짜임새의 돌탑은 인내의 결정체처럼 보인다.

⌂ 대전 동구 상소동 산 1-1
☎ 042-251-4771

❹ 만인산자연휴양림

그 어떤 여행지보다 많은 사람을 만난 곳. 시원하게 뻗어 나오는 분수에는 오리 가족이 살고 있다. 행운이 따른다면 잠시 호수 밖에 나온 자라를 만날 수도! '봉이호떡'으로도 유명하다.

⌂ 대전 동구 하소동 산 47
☎ 042-270-8653

❺ 국립대전현충원

문필봉을 조종산으로, 옥녀봉을 주산으로, 계룡산을 조산으로 삼은 국립대전현충원은 마치 성역처럼 신비롭고 엄숙한 분위기를 자아낸다. 서울현충원의 안장 능력이 포화상태에 도달함에 따라 1979년 묘역 개발을 시작해 1985년, 전체면적 약 322만㎡ 규모로 완공되었다.

⌂ 대전 유성구 현충원로 251
☎ 042-718-7114

❻ 금강로하스에코공원

대전 대덕구 금강 변에 위치한 공원. 옛 취수장을 새롭게 단장하여 시민과 가까운 시설로 거듭난 금강로하스타워부터 오토캠핑을 즐길 수 있는 널따란 야영시설까지 조성되어 휴식의 기쁨을 누린다.

⌂ 대전 대덕구 대청로 607

❼ 유림공원

반도지 형태의 인공호수가 조성된 유림공원은 단아한 분위기로 가득하다. 이른 아침 산책을 나온 할아버지도, 자전거를 타고 지나가던 라이더도 잠시 멈추고 이 풍경을 간직하려 스마트폰을 들었다. 호수 위에는 연꽃이 고개를 내밀고, 유림정은 운치를 더한다.

⌂ 대전 유성구 봉명동 2-1
☎ 042-824-4581

❽ 한밭수목원

엑스포시민광장을 사이에 두고 서원, 동원으로 나뉘어 규모가 엄청나다. 물오리나무, 소나무숲, 무궁화원, 습지원, 숲속의 작은문고 등이 자리한 서원. 유실수원, 수국원, 식이식물원, 허브테마가든 등이 자리한 동원을 다 둘러보려면 1박 2일도 짧다.

⌂ 대전 서구 둔산대로 169
☎ 042-270-8452

❾ 수통골

계룡산국립공원은 천황봉을 중심으로 16개에 달하는 봉우리 사이에 약 10개 계곡이 형성되어 있다. 그중 수통골은 한국관광공사가 선정한 '한적한 계곡을 따라 유유자적 걷는 길' 중 하나. 약 40분 거리의 순환형 산책코스이며 가벼운 산행길로 그만이다.

⌂ 대전 유성구 덕명동
계룡산국립공원수통골탐방지원센터 기점

❿ 대청호오백리길도 첫걸음부터

대전(동구·대덕구)과 충북(청원·옥천·보은)에 걸친 약 200km 둘레길로 대청호 주변 자연부락과 소하천, 등산길, 옛길 등을 포함하고 있다. 현재(2021년 3월) 6구간부터 21구간은 정비 중으로 탐방을 자제하니 방문 전 참고하자.

⌂ 대전 동구 천개동로 36
☎ 042-250-1236
www.dc500.org

OVERVIEW
대전

출처 | 대전광역시 홈페이지

| 총면적 | 539.5 ㎢ | 인구 | 1,463,291 명 |

(2021년 1월 31일 기준)

| 행정구분 | 5 구 | 177 법정동 | 79 행정동 |

SRT 이용안내

 대전역

(SRT대전역에서 대전시청 5.8km / 렌터카 이용 시 약 15분 소요) 대전시청

도심을 흐르는 곡교천이 삽교천과 합류하여 북부의 아산만에 흘러들고,
남과 북으로는 광덕산과 영인산에 둘러싸인 도시.
1995년 충남 아산군과 온양시가 통합된 아산시는 현충사, 아산외암마을, 신정호수공원 등
역사와 전통, 생태환경을 두루 갖춘 안온하고 쾌적한 도시다.

ASAN
아산

우리 강아지 왔냐!
아산외암마을 골목에서
우리 할머니 목소리 들려오네.
소중한 모든 것이 떠나기 전 잘하자.
또 다짐하네

이 계절
너는
더 눈부셔

궁궐과 민속촌처럼 시간을 거슬러 올라가는 장소를 참 좋아한다. 어쩌면 그러한 곳들이 삶과 자연의 순하고 순박한 어울림에 놓여 있어서 그러한지도 모르겠다. 온양온천역에서 차로 10분 남짓밖에 걸리지 않는 아산외암마을(국가민속문화재 제236호). 저기 높은 데 계신 분이 일부러 양팔 끝에 떨어뜨려놓은 듯 아산 시내에서 멀리멀리 온 것만 같다. 볏짚으로 엮은 고택의 지붕과 6km에 달하는 기다란 돌담길을 걷는다. 팔레트의 짙푸른 녹색에 가을이라는 바람이 불어 세상의 모든 잎이 노랗게 물들고 있다. 재택근무로 네모난 방에 오래 머물다 나온 덕에 행운이고 선물 같은 이 시간을 만끽한다. 나보다 오래전 세상에 나와 나보다 더 오래 세상을 굽어볼 큰 나무들도 마을 곳곳을 지키고 있다. 이 여름 태풍에도 제 몸을 단단히 지킨 돌담 아래에는 아까울 것 없다는 듯 감이 툭툭 떨어져 있다. 할머니! 하고 부르면 크고 두툼한 손을 가진 나주댁 우리 할머니가 저 문을 열고 "우리 강아지 왔냐!"하며 뛰어나오실 것만 같다.

왜 소중한 모든 것은 급히 떠나가는 걸까
아산외암마을은 살아 움직이는 역사적인 공간이자 어깨를 나란히 하고 숨 쉬는 우리네 이웃 마을이다. 역사가 500년이 넘은 마을에는 현재도 80여 가구가 살림을 하는데 가옥마다 택호가 있어서 참판댁, 참봉댁, 종손댁, 송화댁으로 부른다. "참판댁, 계시오?"하면 "종손댁, 식사하셨소?" 안부를 주고받는 것이다. 어제와 오늘의 쌍방향 소통이라니! 아산외암마을의 어르신들은 그들의 부지런한 어제 덕에 오늘 더없이 바쁘다. 추석을 앞두고 대추나무는 붉은색 열매가 주렁주렁 달렸고, 논밭의 곡식은 점점 제 고개를 늘어뜨리고 있다. 떠나기 아쉬운 길손은 마을의 한 집에서 눈여겨봐둔 식혜를 사 마신다. 한 모금에 갈증이 저만치 달아난다. 어른의 음료란 이런 것! 정으로 건네받은 대추 한 알은 아산외암마을의 역사만큼 크고 실하다.

아산외암마을

아산외암마을은 국가민속문화재 제236호다. 약 500년 전에 강씨와 목씨 등이 마을을 이루었고 조선 명종 때부터 예안 이씨가 살기 시작했다. 조선시대 상류주택의 모습과 예스러운 초가집, 논밭의 곡식과 대추나무, 울창한 송림이 멋을 돋운다. 그중 '영암집'이라고 불리는 건재고택(국가민속문화재 제233호)은 영화 <취화선>의 촬영지로 잘 알려진 곳. 조선 숙종 때의 문신 이간이 태어난 집을 건재 이상익이 고종 6년(1869)에 지금 모습으로 지었다고 전해진다. 우리나라 전통 정원에 외래 조경이 섞인 조선 후기 절충형 정원도 건재고택만의 묘미.

1

2

가을의 문턱에 접어든 아산외암마을 1
영화 <취화선>의 주요 배경으로 등장한 건재고택 2
'ㄱ'과 'ㄴ'이 포개져 둘도 없는 마음처럼 보이는 고택의 지붕들 3

"제비가 흥부에게 박씨를 물어다준 건 우연이 아니야.
착한 일을 하고 대가를 바라지 않는다면 좋겠어.
햇살, 바람, 비, 그 모든 것에 인내.
너는 박처럼 커지고 너는 밤처럼 영글고
너는 꽃처럼 피어나리.

누가 누구를 지킨다는 것은 어떠한 마음에서
비롯되는 것일까? 위기에 처한 자식을 위해 기꺼이
목숨까지 내놓는 부모처럼 이순신 장군의
나라를 생각하는 마음은 본능에 기인한 듯 위대하고
놀랍기만 하다. 아산의 현충사는 본전 관람 소요시간 만
1시간에 달할 정도로 규모가 엄청나다.
이순신 장군이 전사한 지 100여 년이 지나 충청도의
유생들이 상소를 올려 1706년 사당이 건립되었다.
1년 뒤 조선의 제19대 왕인 숙종이 직접 '현충사'라는
이름을 내렸다. 파란만장한 장군의 삶처럼 현충사도
그런 나날을 보냈다. 나라에 힘이 없던 일제강점기에는
퇴락의 길을 걷다가 광복 후에야 현충사 성역화
사업을 거쳐 오늘날의 찬란한 모습으로 피어났다.

남들에게는 사소해도 내게는 아름다운 기억들이
노을처럼 삶을 수놓는다. 몇 해 전 아산의
신정호수공원에 처음 와봤다. 그때도 신정호수공원은
예뻤다. 2층 레스토랑에 앉아 브런치를 먹으며
신정호수공원을 내려다봤을 때는 커다란
통창으로 보는 풍경이 신정호수공원의 모든 것인 줄 알
았다. 다시 신정호수공원을 찾은 나는 그때보다
어른이 된 것만 같다.
뉘엿뉘엿 지는 해를 뒤로하고 열심히 조깅을 하는
아산 시민들 사이에 섞여들었다. 저기까지만
걸어볼까? 그렇게 마음의 거리를 넓히며 예전에는
너무 커서 돌아볼 엄두조차 나지 않던 수변 산책로를
하염없이 걸었다. 연꽃단지에 연꽃은 지고 푸른 잎사귀
만이 가득하다. 흔들의자에 앉아 아산에 사는
사람처럼 이 시간 속에 가만히 나를 놓아둬본다.
호수에 금실을 풀어놓으며 지는 해를 핑크빛 노을이
배웅한다. 행운이고 선물 같은 시간이다.

현충사 정려 옆에 조성된 연못

I'm Here

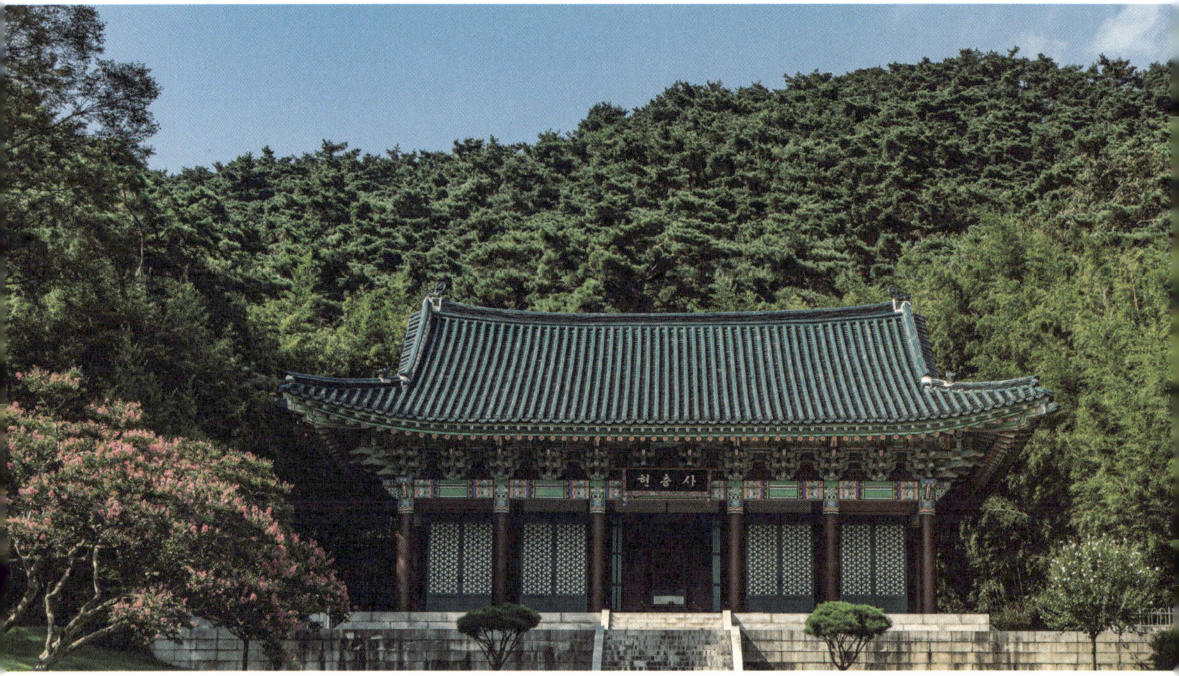
현충사

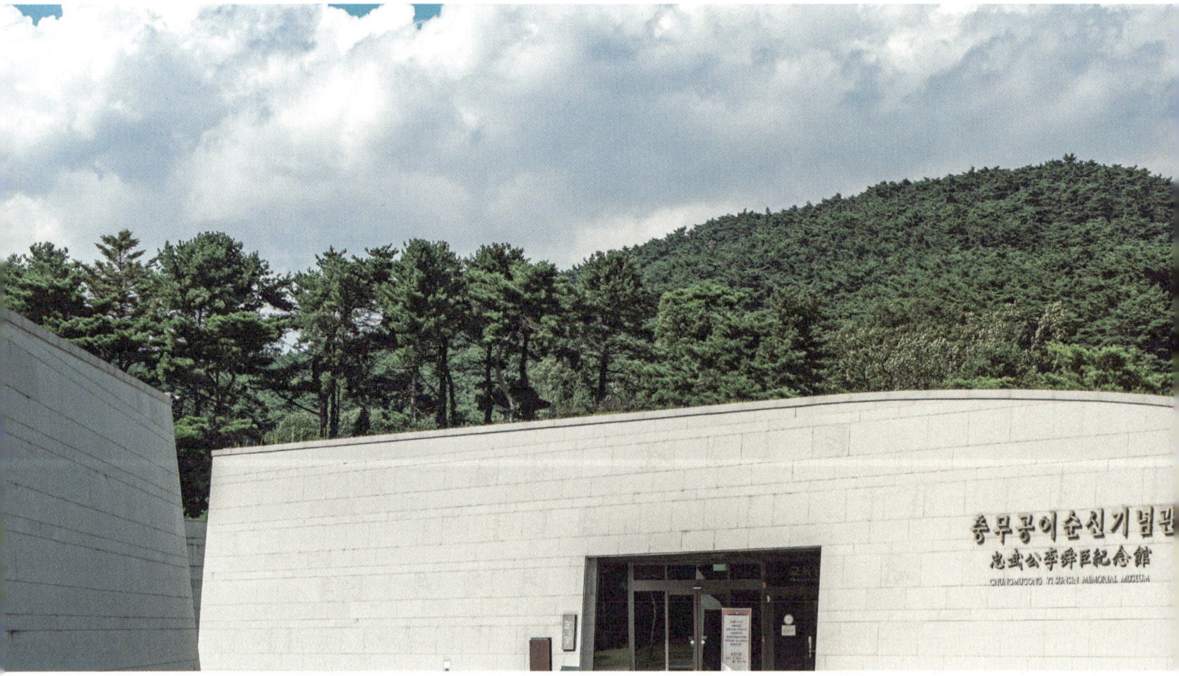
충무공이순신기념관
忠武公李舜臣紀念館
CHUNGMUGONG YI SUNSIN MEMORIAL MUSEUM

현충사

서울지하철 1호선 온양온천역에서 약 4km, 방화산 기슭에 현충사가 위치한다. 충무공 이순신이 무과에 급제하기 전까지 살았던 곳이 지금의 현충사 자리다. 임진왜란 때 큰 공을 세운 이순신을 기리기 위해 숙종 32년(1706)에 사당을 세우고, 1707년 숙종이 직접 '현충사'라 이름 지었다. 그 뒤 200년간 잘 관리되던 사당은 일제의 탄압으로 쇠퇴하였다. 광복 후 1967년 국가에서 현충사 성역화사업을 마치면서 지금의 모습을 갖추었다. 현충사는 본전 관람 소요시간만 1시간에 달할 정도로 규모가 엄청나다. 왕의 묘역만큼이나 웅장하고 구석구석 세심한 손길이 느껴진다.

충무공이순신기념관에는 국보 제76호 9점(난중일기 7권, 임진장초 1권, 서간첩 1권),
보물 제326호 6점(장검 2병, 요대 1구, 옥로 1구, 도배구대 1쌍),
보물 제1564호 16점(선무공신교서, 기복수직교서 등) 등이 소장되어 있다
주요 시설로 이순신의 영정을 모신 본전과 활을 쏘며 무예를 연습하던 활터,
셋째 아들 이면의 무덤이 있다.

| 신정호수공원

　　　　1926년 담수면적 92ha에 달하는 인공 호수, 신정호가 탄생되며 오늘날 많은 사람이 건강한 여가를 즐기는 공간으로 거듭났다. 사계절 다양한 수생식물을 만날 수 있는 신정호수공원에는 음악분수와 자연생태공원, 연꽃단지, 근린공원 등이 조성되어 있다. 아침이나 저녁 무렵에는 신정호를 중심으로 체력을 단련하는 시민들의 모습도 흔히 볼 수 있다.

곡교천 은행나무길

아산을 가로지르는 곡교천 둔치에 끝도 없이 긴 은행나무 행렬이 눈길을 빼앗는다. 정말이지 완연한 가을에는 이 거리가 얼마나 아름다울까 상상만으로도 황홀해진다. 곡교천 은행나무길은 현충사에서 가까운데 초행길이라면 '현충사곡교천은행나무길'이나 '아산곡교천야영장'을 수소로 검색하면 쉽게 찾을 수 있나.

아산공세리성당

조선시대 충청도, 전라도, 경상도 일대에서 거둔 쌀을 쌓아두었던 공세창고가 있던 자리에 성당을 세웠다. 수많은 영화, 드라마 촬영지로도 유명한 성당은 병인박해 때 순교한 3인의 묘가 조성된 유서 깊은 곳이기도 하다. 1894년 설립, 1922년 연와조(불에 구운 점토 벽돌로 쌓아 축조한 구조) 고딕 양식의 근대식 성당이다.

10 PICK
아산

❶ 곡교천 은행나무길

아산을 가로지르는 곡교천 둔치에 끝도 없이 긴 은행나무 행렬이 눈길을 빼앗는다. '현충사곡교천은행나무길'이나 '아산곡교천야영장'을 주소로 검색하면 쉽게 찾을 수 있다.

- 충남 아산시 염치읍 백암리 502-3

❷ 아산공세리성당

수많은 영화, 드라마 촬영지로도 유명한 성당은 병인박해 때 순교한 3인의 묘가 조성된 유서 깊은 곳. 1894년 설립, 1922년 연와조의 근대식 성당으로 탄생했다.

- 충남 아산시 인주면 공세리성당길 10
- 041-533-8181
- 화~일 10:00~16:00 (월요일 휴관)

❸ 영인산자연휴양림

냉탕과 온탕을 오가듯 아산 여행에서는 뜨끈한 온천욕과 시원한 산림욕의 유익함을 동시에 만끽할 수 있다. 1997년 12월 개장한 영인산자연휴양림은 영인산 기슭에 자리한다.

- 충남 아산시 영인면 아산온천로 16-26
- 041-538-1958
- 어른 2000원, 청소년 1500원
  어린이 1000원, 단체 800원
  younginsan.asanfmc.or.kr

❹ 천년의 숲길

아산 송악면 유곡리, 강장리, 동화리, 궁평리 4개 지역에 26.5km에 '천년의 숲길'을 조성했다. 취향에 따라 산과 들, 마을, 호숫길 등 천혜의 자연을 굽어보며 산행을 즐길수 있다.

- 충남 아산시 송악면 도송로632번길 138
- 041-543-4004 (봉곡사)

❺ 현충사

이순신 장군이 전사한 지 100여 년이 지나 충청도의 유생들이 상소를 올려 1706년 사당이 건립되었다. 1년 뒤 조선의 제19대 왕인 숙종이 직접 '현충사'라는 이름을 내렸다. 충무공이순신 기념관, 본전, 정려, 고택 등이 있다.

- 충남 아산시 염치읍 현충사길 126
- 041-539-4600
- 무료
- 09:00~18:00 (월요일 휴관)
  hcs.cha.go.kr

❻ 아산외암마을

예산 이씨의 집성촌으로 현재도 80여 가구가 살고 있다. 영화 <취화선>을 촬영한 건재고택부터 6km에 달하는 기다란 돌담길은 아산외암마을의 하이라이트.

- 충남 아산시 송악면 외암민속길9번길 13-2
- 041-540-2110
- 어른 2000원, 청소년·어린이 1000원
- 09:00~17:30
  www.oeam.co.kr

❼ 온양온천시장

온양온천역에서 걸어서 4분 거리에 온양온천시장이 자리한다. 입맛을 깨우고 소소한 쇼핑의 즐거움이 가득하다. 집에 꼭 필요한 구둣주걱도 사고 맛난 떡도 골라봤다.

- 충남 아산시 시장남길 9-5 백만불
- 041-541-1189

❽ 염치한우촌

질 좋은 한우를 합리적인 가격에 맛볼 수 있는 한우식당이 밀집해 있다. 명절이나 기념일을 앞두고 들르면 선물용 한우를 구매하는 것도 편리하다. 택배도 된다고요!

- 충남 아산시 염치읍 일대
  www.asan.go.kr/food

❾ 신정호수공원

1926년 조성된 인공 호수로 산책로, 야외음악당, 수영장, 감성 카페, 맛집 등이 자리해 아산 시민은 물론 관광지로도 인기가 많다.

- 충남 아산시 신정로 616
- 041-540-2518

❿ 아산에서 캠핑

은행나무가 곁을 내어주는 야영장에서, 따뜻한 온천욕과 함께 아산에서 하룻밤을 진하게 보낸다. 파라다이스 스파도고·연풍연가 캠핑장, 아산곡교천야영장, 밤소리글램핑 등 아산 곳곳에 다양한 형태의 캠핑장이 조성되어 있으니 여행 시 참고하자.

A. 파라다이스 스파도고
- 충남 아산시 도고면 도고온천로 176
- 041-537-7100

B. 연풍연가 캠핑장
- 충남 아산시 송악면 종곡길96번길 88
- 010-2993-5127

C. 아산곡교천야영장
- 충남 아산시 권곡동 61-5
- 070-7747-1895

OVERVIEW
아산

출처 | 아산시 홈페이지

총면적	542.2 km²	인구	333,105 명
			(2020년 12월 31일 기준)

행정구분 2 읍   9 면   6 동

SRT 이용안내 — 천안아산역 (SRT천안아산역에서 아산시청 10.8km / 렌터카 이용 시 약 15분 소요) 아산시청

부여의 관북리유적과 부소산성, 정림사지, 능산리고분군,
나성 등 4개 지구는 백제역사유적지구에 포함되어 유네스코 세계유산에
등재되었다. 백마강의 억새길, 삶과 죽음의 경계인 나성에 오르면
백제의 신비로운 이야기들이 우수수 떨어진다.

BUYEO
부여

누구나 주인공이 된다

부여에서 나는 번번이 누군가의 들러리가 되었고 그 시간을 피할 수 없었다. 부여의 곳곳이 너무도 아름다워 누구나 주인공이 되고 싶어 했다. 덕분에 나는 그의 시간에 조연이 되었고, 이름 없는 엑스트라로 스쳐갔다. 부여는 백제의 마지막 수도(사비성)로서 성왕 16년(538)에 웅진(현 공주)에서 천도했다. '유네스코 세계유산도시'라는 슬로건 없이도 아름답고 신비로운 백제 문화가 발길 닿는 데마다 드러난다. 부여의 관북리유적과 부소산성, 정림사지, 능산리고분군, 나성 등 4개 지구는 백제역사유적지구에 포함되어 유네스코 세계유산에 등재되었다. 그중 능산리고분군 일대를 백제왕릉원으로 칭하며 이곳에서 능산리사지, 나성 또한 만날 수 있다. 능산리고분군은 해발 121m 능산리 산의 남쪽 경사면 중턱에 자리하며 모두 7기의 백제시대 무덤이 분포되어 있다.

그 너머에는 백제 위덕왕 14년(567)에 성왕의 명복을 빌기 위해 창건된 사찰, 능산리사지가 자리한다. 660년 백제가 멸망하면서 폐허가 된 것으로 추정되는 사찰의 금당, 서쪽 방에서는 온돌 시설이 발견되었고 배수로에서 백제시대의 목간, 절이 세워진 연대를 알 수 있는 능산리사지석조사리감, 그리고 백제금동대향로가 출토되었다. 고분군 내의 아트뮤지엄에서 흙탕물 속에서 잠자던 향로를 사진 이미지로 보았다. 그리고 다음 여정인 국립부여박물관의 저 안쪽 깊숙이 실재하는 향로를 마주했다. 향로 꼭대기에는 봉황이 앉았고, 거문고를 연주하는 악사, 불사의 신선, 날개 달린 물고기 등 상상의 동식물이 신비로운 세계 속에 살아 있다. 백제인이 염원한 세상, 이루고자 한 극치가 참으로 눈부시다. 백제의 비상한 재능은 예술로 발현되어 주변국에 아낌없이 전파되었으니 그 넉넉함과 너그러움은 일찍이 삶과 죽음에 대한 이치를 깨달은 탓인지도 모르겠다.

궁남지
백제의 별궁 연못

부여 임천면 가림성 느티나무
(일명 성흥산사랑나무)

부소산성에 오르기 전 관광안내센터에 들러 지도를 하나 챙긴다. 낙화암 정상의 백화정까지는 20~30분 정도 소요된다는 말도 챙겨듣는다. 백마강의 절경을 한눈에 내려다볼 수 있는 부소산성은 백제 사비기 왕궁의 배후산성, 즉 산을 뒤로하고 축조된 성이다. 부소산성은 백제가 멸망할 때까지 123년 동안 백제의 도읍지로 당시에는 사비성이라 불렀다. 백제 때에는 부여 일대의 평야를 '사비원', 금강을 '사비하'라고도 했다. 부여 시내를 관통하는 금강은 백마강으로도 익숙하다. 부소산성 정상부에 오르면 백마강의 절경을 한눈에 담을 수 있다.

의자왕과 삼천궁녀의 전설이 흐르는 낙화암은 백마강 변 부소산 서쪽 낭떠러지 바위를 가리킨다. 백제가 멸망하며 당대의 후궁과 궁녀들이 몸을 던져 자결한 곳으로 <삼국유사>에는 '타사암'으로 기록되었으며, 후대에 이르러 '삼천'이라는 문학적 표현을 빌려 백제의 멸망을 은유한 것으로 전해진다. 부소산 정상은 해발 106m로 가볍게 걷기 좋지만 낙화암을 비롯해 백마강 절벽에 자리한 고란사, 부소산 제일 꼭대기에 위치한 사자루, 성충·흥수·계백 세 명의 충신을 모신 사당 삼충사 등 들러볼 곳이 많다. 백마강 가 절벽에는 고란사라는 작은 절이 깃들어 있으니, 낙화암에서 죽은 여인들을 추모하고자 고려시대에 건립된 것으로 추정된다.

고란사 선착장에서 황포돛배를 타고 백마강을 흐른다. 지금 우리 곁에 없지만 생생히 존재하는 백제의 시간이 영화의 한 장면처럼 펼쳐진다. 바람 한숨에 너울대는 백마강의 코스모스와 태양빛을 닮은 억새의 출렁임을 배경으로 지금 우리는 부여에서 삶의 명장면을 찍고 있다.

부소산성에서 바라본
백마강의 절경

유람선을 타고 돌아볼 수 있는 백마강 일대

백제의 흥망성쇠가 깃든
부여에서의 한 걸음이 황홀하다.
백마강의 억새길, 삶과 죽음의
경계인 나성에 오르면
백제의 신비로운 이야기들이
우수수 떨어진다.

백제왕릉원

거대한 절터, 능산리사지를 더욱 가까이 보기 위해 나성에 올랐다. 수도 사비성을 수호하기 위해 쌓은 나성은 둘레 8km의 외곽성이다. 유네스코 세계유산에 등재된 백제역사유적지구의 단위유산 중 하나로서 동아시아에서 새롭게 출현한 도시 외곽성의 가장 이른 예 중 하나로 알려져 있다. 방어시설이자 도시의 안과 밖을 구분 짓는 외곽성으로서 나성. 한편으로는 삶과 죽음의 경계로 나성을 보는 시선도 흥미롭다. 나성을 경계로 죽은 왕들의 무덤인 능산리고분군 과 왕들의 명복을 기원하기 위해 왕실 사찰을 건립히여 선왕을 추모한 것이다.

1   사비성(현 부여)을 수호하기 위해 쌓은 나성.
    이를 경계로 죽은 왕들의 무덤인
    능산리고분군, 백제금동대향로가 출토된
    능산리사지가 자리한다
2   해발 121m의 능산리 산의 남쪽 경사면
    중턱에 자리한 능산리고분군.
    모두 7기의 백제시대 무덤이 분포되어 있다

부소산성 낙화암에 자리한
백화정

부소산성

백마강의 절경을 한눈에 내려다볼 수 있는 부소산성은 사비시대의 중심 산성으로서 백제가 멸망할 때까지 수도를 방어한 곳으로 역사적 의의가 있다. <삼국사기> '백제본기'에는 사비성·소부리성으로 기록되어 있으나, 성이 위치한 산의 이름을 따서 부소산성이라 부른다. 성 안에는 군창터 및 백제 때 건물터와 영일루, 사비루, 고란사, 낙화암 등이 남아 있다. 낙화암은 백마강 변 부소산 서쪽 낭떠러지 바위를 가리킨다. 꼭대기의 백화정(사진 왼쪽)은 궁녀들의 원혼을 추모하기 위해 1929년 세운 것. 낙화암 아래의 고란사도 그러한 추모의 의미가 담겨 있으며 고려시대 창건된 것으로 추정한다.

백마강 가 절벽에 자리한 고란사,
그 안의 '영종각'에서 오수를 즐기는 고양이

아름다운 때에 이르러
전설처럼 사라진 백제…
황혼처럼 물든
부여 백마강의 억새가
그처럼 찬란하다.

백마강변의 억새길

10 PICK
부여

❶ 백제문화단지

백제 최후의 도읍, 사비의 모든 것을 고스란히 만난다. 능사, 고분 공원, 사비궁, 백제역사문화관 등으로 조성되었다.

🏠 충남 부여군 규암면 백제문로 455
☎ 041-408-7290

❷ 만수산 무량사

신라시대에 창건한 사찰. 보물 제356호로 지정된 무량사 극락전과 매월당 김시습의 마지막 흔적을 만날 수 있다.

🏠 충남 부여군 외산면 무량로 203
☎ 041-836-5066

❸ 낙화암

부소산성 백마강 가에 자리한 높이 약 40m의 절벽이다. 1929년 이곳에 백화정을 세워 백제의 멸망과 함께 사라진 여인들을 기린다.

🏠 충남 부여군 부여읍 쌍북리

❹ 능산리고분군

성왕릉, 위덕왕릉으로 추정되는 백제시대 무덤이 분포된 곳. 1호분 서벽에서 백호도, 천장에서 연화운문도가 발견되었다.

🏠 충남 부여군 부여읍 능산리 388
☎ 041-830-2890

❺ 성흥산 사랑나무

부여군 임천면 성흥산, 501년에 쌓은 백제시대의 가림성과 각종 TV 드라마의 촬영지로 유명세를 탄 사랑나무(느티나무)가 있다.

🏠 충남 부여군 임천면 성흥로 97번길 167

❻ 국립부여박물관

부여의 선사·고대문화, 사비백제 불교문화와 함께 대표 유물로 금동관음보살입상, 백제금동대향로 등을 만난다.

🏠 충남 부여군 부여읍 금성로 5
☎ 041-833-8562

❼ 궁남지

백제의 별궁 연못. 무왕 35년(634)에 연못을 궁 남쪽에 팠다는 <삼국사기> 기록을 근거로 궁남지라 부른다. 연못 주변에서 백제 토기와 기와 등이 출토되었다.

🏠 충남 부여군 부여읍 동남리 117
☎ 041-830-2330

❽ 정림사지 5층석탑

익산 미륵사지 석탑과 함께 2기만 남아 있는 백제 석탑. 목탑의 형식을 따르면서도 창의성이 돋보여 학술적으로도 귀중한 자료다.

🏠 충남 부여군 부여읍 동남리 254
☎ 041-832-2721

❾ 백마강 억새길

10월 초부터 11월까지 부여 백마강 일대는 은빛 억새의 낭만이 펼쳐진다. 구드래나루터 방향으로 3km에 이르는 코스모스길도 아름답다.

🏠 충남 부여군 부여읍
☎ 041-830-2523

❿ 부여 백마강 따라 백제의 감동을_ 유람선 체험

부여 시내를 관통하는 백마강 위에 백제시대 고증을 거쳐 건조한 황포돛배가 유유자적 흐른다. 백마강은 3개소의 선착장 (구드래·고란사·수북정)에서 유람선을 운행하고 있다. 문화유적지를 직접 답사하는 것도 흥미롭지만 백제의 찬란한 역사와 부여의 오늘을 강바람 속에 마주하는 것도 기억에 오래 남는다.

🏠 충남 부여군 부여읍 부소로 1-25, 고란사유람선
☎ 041-835-4689

OVERVIEW
부여

출처 | 부여군 홈페이지

| 총 면적 | 624.5 ㎢ | 인구 | 65,039 명 |

(2021년 2월 28일 기준)

| 행정구분 | 1 읍 | 15 면 | 191 법정리 |

SRT 이용안내

공주역 — SRT 공주역에서 부여군청 25.9km / 렌터카 이용 시 약 30분 소요 — 부여군청 울산광역시 울주군은 남구, 북구, 서구, 중구의 면적을 합친 것보다 크다.
나무가 클수록 나이테도 촘촘하듯 울주군 곳곳에 놀랍고, 신비롭고,
때론 서러운 생의 기록이 켜켜이 쌓여 있다. 한 해의 달력 한 장을 남겨두고 찾은 울주에서
우리가 끝내 찾을 것은 희망임을 알았다.

ULJU
울주

희망은 어둠 속에서 찾아야 하네

올해의 나날을 상기한다. 하루하루가 생생하다. 온 국민이 역사적인 사건 앞에서 숨 막히는 아우성 중이다. 코로나19라는 강력한 존재를 극복하기 위한 사람들의 땀과 눈물, 희생정신으로 우리는 이 어둠을 헤쳐 나가고 있다. 매일 희로애락의 수레바퀴를 굴리는 어른들과 함께 울주를 돌아본다면 첫 번째 여정으로 천주교순례길을 걸어야겠다. 석조 건축물 형태에 하늘빛 지붕이 시선을 사로잡는 언양성당은 울산지역 최초의 성당으로 1927년 5월 25일 설립되었다.

울주 천주교순례길은 현재 3개 코스로 조성되었는데, 시작점이 언양성당이다. 조선 후기 우리나라에 전파된 천주교는 약 100년간 지난한 박해를 받았다. 왕과 백성, 양반, 천민, 남녀가 본래 평등하다는 이 종교의 가르침은 당시 사회의 근간을 흔드는 일이었다. 1791년에는 전라도 진산(현 충남 금산군)의 양반 윤지충과 권상연이 처형되었다. 신해사옥이다. 1866년 병인박해 때는 6년에 걸쳐 프랑스 선교사 9명을 포함해 8000여 명이 처형되었다. 이때 천주교가 우리 나라에 전파되지 않았다면, 이들의 희생이 없었다면 우리의 현재는 어떤 모습이었을까?

언양성당 뒤편의 오르막길을 천천히 올랐다. 바람에 대나무가 일렁이는 오솔길에는 순교자 한 사람의 삶과 다르지 않은 예수의 고난이 비석에 새겨져 걸음을 멈춰 세운다. 영남지역 신앙의 발원지로 여겨지는 이곳, 이 한적하고 높은 곳에 아픈 몸을 위탁했을 이들을 생각한다. 시내가 한눈에 내려다보이는 곳에 천주교 성지인 성모동굴이 자리한다. 동굴이라고 하여 입구가 좁은 형태인 줄 알았더니 사방이 탁 트여 있다. 마치 깊은 절벽 속 은신처 같다. 코로나19라는 긴 터널을 지나고 있는 대한민국 국민, 전 세계에서 고통받는 사람들. 타인의 건강과 생명 앞에 사명감과 희생정신으로 일을 하고 있는 의료진을 생각한다. 어둠 속에서도 당당히 제 몸을 던진 이들 덕분에 곳곳에서 희망의 불씨가 타오른다.

태화강 상류의 지류 하천인 대곡천 일대는 대곡리 공룡발자국화석, 대곡리 반구대 암각화, 천전리 각석 등 선사시대의 문화유산과 원시 비경을 만날 수 있는 명승지다. 대곡천 하류에 무리를 이룬 선버들이 정오의 햇살에 연둣빛으로 부서지는 시각. 저편 절벽에 새겨진 선사시대의 그림을 망원경 속에서 유심히 찾아본다. 지금까지 알려진 포경 유적 중 지구상에서 가장 오래된 것으로 평가받는 '울주 대곡리 반구대 암각화'. 비록 망원경 너머로 바라볼 수밖에 없는 풍경이지만 울산암각화박물관에서 유익한 정보를 얻고, 울주 자수정동굴나라에서 엄청난 크기로 재현한 반구대 암각화를 본 덕분에 그 풍경이 자못 생생하다.

절벽 앞 하천에 보금자리를 만들고 멧돼지와 거북이를 잡았던 옛 사람들. 그가 본 놀라운 장면을 기억하고, 전하려 단단한 바위를 쉼 없이 긋고, 쪼아 고래 그림을 새긴 사람들이 저기 살았었다. 그동안은 반구대 암각화에 동물 그림만 있는 줄 알았는데 21세기 화가가 그렸다 해도 믿을 정도로 묘사된 사람 얼굴이 너무도 담백하다. 시간은 흘러 사라지는 게 아니라 순환하는 것일지도 모른다. 희생과 희망은 다른 말이 아닐지도.

쏴쏴- 대숲에 일렁이는 바람을 타고 고래를 만나러 간다

울주 천주교순례길

1코스(8.04km) 신유박해(1801) 이후 천주교 박해를 피해 떠나온 이들의 교우촌이 형성됐던 곳을 둘러보는 길. 인보성당에서 시작해 하선필공소, 상선필공소, 탑곡공소에 이르는 순례길.

2코스(13.11km) 가장 많은 선택을 받는 순례길. 언양 시가지를 지나 가지산 자락에 자리 잡은 살티마을까지 시간을 거슬러 올라가는 길로 언양성당부터 길천공소, 순정공소, 살티공소, 살티 순교성지에 이른다. 1868년 설립된 살티공소는 부산교구에서 현존하는 가장 오래된 교구다. 여기서 10~15분 천천히 걸어 나가면 순례길 끝점(살티순교성지)으로 천주교 박해 시기에 순교한 김영제 베드로 묘에 당도한다. 그의 옆에는 김 아가다, 순교한 누이도 안장되어 먹먹한 빛을 드리운다.

3코스(3.22km) 천연 석굴 공소인 죽림굴을 찾아 영남알프스를 오르는 길로 상북면 이천리(배내골)에서 시작해 죽림굴에 이르는 순례길.

2

1 부산·경남의 유일한 석조 고딕 양식 교회 건축물, 언양성당은 울주 천주교순례길의 시작점이다
2 천주교 신자가 아님에도 기도하는 마음이 들게 했던 평화롭고 엄숙한 분위기의 성모동굴

울주 언양읍성, 복원된 남문 일대

잊지 않고 싶다.
기필코 지켜내겠다.
바위를 쪼개 문양을 새기고
돌을 쪼개 성을 쌓은 뜻
울주에 새겨진 뜻을 가만히 들여다본다.
기억되고 싶은 그대의 기록은 무엇인가?

울산암각화박물관

전시실에 들어서자 왜인지 아늑하고 따뜻한 느낌이 가득 든다. 박물관의 천장부터 주변을 천천히 살펴보니 의문이 풀린다. 울산암각화박물관은 고래를 형상화한 목조 건축물로 하늘에서 바라보면 거대한 고래 한 마리가 숲속에 놓인 것처럼 보인다. 내가 지금 고래 배 속에 있구나. 신비롭고 따뜻한 기운에 마음이 온화해진다. 박물관은 중층 구조로 이뤄져 선사예술, 대곡리 반구대암각화, 천전리 각석 등 주요 전시물을 만날 수 있다.

자수정동굴나라에 재현된 대곡리 반구대 암각화.
담백히 묘사된 사람 얼굴에 시선을 거두지 못했다

간절곶 일출

I'm Here

바다는 매일 밤
다음 날 보낼 해를 고른다.
하루를 밝힐 해를 달래고 닦는다.
푸른 바다가 붉은 해를 밀어 올린다.
매일 다르고
매일 새로운
붉은 해가 우리를 비춘다.

10 PICK
울주

❶ 울주 천주교순례길

19세기 목숨을 잃을지도 모르는 박해 속에서 자신의 신념을 굳게 지킨 그들의 삶을 생각하며 고즈넉이 길을 걸어보자.

🏠 울산 울수군 언양읍·상북면·두서면 일대
☎ 052-204-0342
eonyang.pbcbs.co.kr

❷ 울산암각화박물관

세계적인 문화유산, 울주에 분포한 암각화를 만나기 전 꼭 들러보면 좋은 곳. 기이하고 신비로운 바위 문양에 빠져든다.

🏠 울산 울주군 두동면 반구대안길 254
☎ 052-229-4797
Ⓦ 무료
🕘 09:00~18:00 (월요일 휴관)
www.ulsan.go.kr

❸ 울주 대곡리 반구대 암각화

높이 4m, 너비 10m의 'ㄱ' 자 모양으로 꺾인 절벽 암반에 선사시대에 새긴 것으로 추정되는 고래, 호랑이, 사냥 장면 등이 담겨 있다.

🏠 울산 울주군 언양읍 반구대안길 285

❹ 울주 천전리 각석

대곡천 중류 기슭에 자리한 암석에 기하학적 무늬와 동물, 글씨와 사람 등을 새겨 넣었다. 청동기시대부터 신라시대에 그린 것으로 추정된다.

🏠 울산 울주군 두동면 천전리 산 210-2
☎ 052-229-7617

❺ 울산 언양성당과 사제관

울산 지역에 건립된 최초의 천주교 성당(국가등록문화재 제103호)으로 영남 천주교 신앙의 출발지다.

🏠 울산 울주군 언양읍 구교동1길 11
☎ 052-262-5312
eonyang.pbcbs.co.kr

❻ 작괘천

눈 쌓인 고원처럼 넓고 하얀 바위 형상이 신비롭다.
계곡에 흐르는 유려한 물줄기를 굽어보는 작천정까지 옛 시인 묵객들이 앞다퉈 방문했음 직하다.

🏠 울산 울주군 삼남면 교동리 132-1

❼ 울주 언양읍성

경주·울산·밀양·양산과의 교통 중심지로 전략적 우위를 차지한 옛 언양 고을의 읍성이다. 정문에 해당하는 남문(영화루)이 복원되어 석성으로서의 위용을 드러낸다.

🏠 울산 울주군 성안2길 55-8

❽ 간절곶

동해안에서 가장 먼저 떠오르는 해를 만날 수 있는 곳. 일출, 커다란 소망우체통, 간절곶 하얀 등대, 진하해수욕장 등이 어우러진 명소 중의 명소.

🏠 울산 울주군 서생면 대송리
☎ 052-204-1000
ganjeolgot.ulju.ulsan.kr/gan2014/

❾ 자수정동굴나라

따뜻하게 외투를 챙겨입고 동굴 탐험을 떠나자. 보랏빛 자수정이 동굴 곳곳을 빛내고 엄청난 크기로 재현한 반구대 암각화도 만날 수 있다.

🏠 울산 울주군 상북면 자수정로 212
☎ 052-254-1515
Ⓦ 동굴탐험
  대인 7000원, 소인 6000원
  동굴수로탐험
  대인 6000원, 소인 5000원
  쥬라기월드
  대인 6000원, 소인 6000원
🕘 09:00~18:00
www.jsjland.co.kr

❿ 영남알프스

등산을 즐긴다면 영남알프스 9개 봉우리 완등에 도전해보자. 뿌듯한 성취감이 메달과 인증서에 담긴다. 2020년에는 2만1867명이 완등에 도전하여 1만653명이 인증을 완료했다. 영남알프스 완등과 관련한 더욱 자세한 사항은 울주군 공식 블로그(https://blog.naver.com/ulju_love)에서 확인하세요!

OVERVIEW
울주

출처 | 울주군 홈페이지

총면적	757.4 km²	인구	228,772 명
			(2021년 1월 31일 기준)

행정구분　6읍　　6면　　118법정리

SRT 이용안내　　울산역　　(SRT울산역에서 울주군청 16.7km / 렌터카 이용 시 약 20분 소요)　　울주군청

발행 및 편집
한국경제매거진(주)

발행인	유근석
편집장	이선정
글	정상미
디자인	문지영
사진	이효태
지도 삽화	조성흠
교정·교열	이현애
인쇄	도담프린팅

ISBN 979-11-85272-51-1 (93320)

출판신고번호 제2006-000008호   **초판 1쇄 인쇄** 2021년 3월 5일   **초판 1쇄 발행** 2021년 3월 12일

주소
서울시 중구 청파로 463 한국경제신문사 15층

전화
02-360-4635

E-mail nabi@hankyung.com
Facebook @magazinesrt
Blog blog.naver.com/srtmagazine

콘텐츠의 무단 전재와 복제를 금합니다.